掌紋學

精粹

鄺偉雄

圓方立極

「天圓地方」是傳統中國的宇宙觀，象徵天地萬物，及其背後任運自然、生生不息、無窮無盡之大道。早在魏晉南北朝時代，何晏、王弼等名士更開創了清談玄學之先河，主旨在於透過思辨及辯論以探求天地萬物之道，當時是以《老子》、《莊子》、《易經》這三部著作為主，號稱「三玄」。東晉以後因為佛學的流行，佛法便也融匯在玄學中。故知，古代玄學實在是探索人生智慧及天地萬物之道的大學問。

可惜，近代之所謂玄學，卻被誤認為只局限於「山醫卜命相」五術、及民間對鬼神的迷信，故坊間便泛濫各式各樣導人迷信之玄學書籍，而原來玄學作為探索人生智慧及天地萬物之道的本質便完全被遺忘了。

有見及此，我們成立了「圓方出版社」（簡稱「圓方」）。《孟子》曰：「不以規矩、不成方圓」。所以，「圓方」的宗旨，是以「破除迷信、重人生智慧」為規，藉以撥亂反正，回復玄學作為智慧之學的光芒；以「重理性、重科學精神」為矩，希望能帶領玄學進入一個新紀元。「破除迷信、重人生智慧」即「圓而神」，「重理性、重科學精神」即「方以智」，既圓且方，故名「圓方」。

出版方面，「圓方」擬定四個系列如下：

一●「智慧經典系列」：讓經典因智慧而傳世；讓智慧因經典而普傳。

二●「生活智慧系列」：藉生活智慧，破除迷信；藉破除迷信，活出生活智慧。

三●「五術研究系列」：用理性及科學精神研究玄學；以研究玄學體驗理性、科學精神。

四●「流年運程系列」：「不離日夜尋常用，方為無上妙法門。」不帶迷信的流年運程書，能導人向善、積極樂觀、得失隨順，即是以智慧趨吉避凶之大道理。

在未來，「圓方」將會成立「正玄會」，藉以集結一群熱愛「破除迷信、重人生智慧」及「重理性、重科學精神」這種新玄學的有識之士，並效法古人「清談玄學」之風，藉以把玄學帶進理性及科學化的研究態度，更可廣納新的玄學研究家，集思廣益，使玄學有另一突破。

鄺偉雄師傅簡介

鄺偉雄先生，廣東省開平市人士，香港著名風水命理學家，從八零年代開始執業，經常接受本地各大傳媒如無線電視台、鳳凰衛視、華娛衛視、香港電台等訪問，介紹正確的玄學知識，以科學及理性的角度去理解中國的傳統國粹。

鄺師傅研究玄學，乃從理性及實際的角度出發，除去迷信成分，以學術性、應驗性、哲學性為重點，用中國的傳統術數，配合現代社會的發展情況，作出新的演繹，不固步自封，亦不嘩眾取寵，是以深受國內外人士讚譽。

鄺師傅從九十年代中開始已經走遍中國大江南北，將沉寂了一段長時間的術數，重新開始推廣，將正統的中國術數，往正確的方向伸延。

序一

打從上世紀九十年代開始，我都經常在電視台、電台的一些玄學節目裏講述有關命理、風水、面相、手相等玄學知識，其中反應最好的，要算是掌紋學。因為大家可以一面看電視圖片，一面將自己的手掌張開，比較對照，活學活用。

中國玄學家最重子平命理，很多時判斷都只是依照八字為準則，對掌紋學的研究，可能會比較忽略，所以掌紋學最適宜自己去研究，相信最了解掌中紋理的，應該是你自己。

由手相去看一個人的個性、處理事情與戀愛的態度，從而影響到婚姻的好壞、事業上的得失，是十分之準確的；而且，手相術是可以看出一個人的才能方向，是理性或是感性，從而影響到這一個人將來，是從商的人，還是一位藝術工作者。

嚴格來說，手相術是一種獨立的學問，並非一定要跟八字、面相混為一談，但是，如果能夠在手相學下一點功夫，對於八字、面相方面的判斷，則極有幫助。

本書詳論掌紋學的掌紋和掌形，再加上實例，讀者閱後，定能夠把掌紋學的精粹學以致用，從而得知為什麼會失業、為什麼無緣無故失戀、為什麼會名成利就、身體會有哪些毛病……等等，繼而可作出調整。

掌紋學證明了掌紋是一種靈活而可隨心念及行為而改變的學問，相由心生是對的。

要研究掌紋學，首先不要單單光看圖畫及查解釋，應要深入了解紋線的意義。

其次要了解各個丘的真正含義，例如金星代表愛情、木星是權力之類，要知道吉凶的真正源頭，是源於七大行星，金、木、水、火、土、太陽、月亮，如果可以明瞭它的秘密，對其他術數如占星、命理等都會有相應的幫助。

再者更不要忽略手的基本形格，手形本身已經是一種代表，例如四方實用掌的人，我們便可以判斷這人是一個實事求是、不虛浮的人。再看看這人的頭腦線，有否出現問題？是直生或是傾斜，便知道這個人的智商高低。

不要忽略那些主線上的細線，因為它們主宰了最少一至三年間所發生的重要事項。

掌紋還會隨着歲月而改變，如果掌上有凶紋，多行善舉，多作一些正面的思想教育，那麼在數年以後，將會有很大的變數。

但是一些大方向是比較難改變的，例如大拇指堅硬，代表個性主觀而有決心等，頭腦線下垂代表重藝術與感性等，都不容易改變，所謂「三歲定八十」是指一些基本特質，難以改變。

但只要按照自己的個性特質去處事，順應自然規律，則可以減少很多無謂的失敗。

本書糅合了西方掌紋學及中國掌紋學的精華，再加上本人日常論命的經驗，希望讀者可以舉一反三，在日常生活上有幫助，比如父母可以更了解子女的品性，丈夫可以更加知道妻子的個性，戀愛的朋友亦可以了解愛人的性格，總之在各方面都有很大的得益。

序二

同一門術數，起盤方法並不完全一樣，不論八字、風水、天星、占卜、斗數、六壬……不同派別連起盤起星都不同，而掌紋學就是完全沒有這一方面的爭議性。

掌紋學是我們最容易接觸得到的預測學，因為每一個人都有自己的一雙手，每一天、每一分、每一秒都用到這對手來做事，原來人生的秘密已經寫在那裏。

我們不需要計算複雜的五行；不需要記憶很多的星名；不需要依靠電腦或者手機來計算命盤；不擔心占卜時心神不集中而令結果不靈驗，因為掌紋就很清晰的印在你的一雙手上面。

這個世界上自古至今，相信沒有重複一樣的掌紋，同年同月同日出生的人有可能會有同樣的八字星盤，但掌紋學絕對不會重複，甚至乎很多命理學家會參考面相、掌紋來釐定不肯定時辰的命盤。

掌紋的應驗性亦毋庸置疑，看見幸運的掌紋在你的手上不要驕傲，要多用你的優點來幫助別人；看見不吉的掌紋在你的手上出現，不要擔心氣餒，要尋求現實可行的解決方法，找到解決的方法，慢慢去實行，掌紋便會慢慢的改變。

記住：任何一件事情都有正反的兩面，在這一方面得到，可能在另一方面失去，相反地，在表面上吃虧受苦，在另一方面亦必定會有得着。

這新版本的《掌紋學精粹》，補充了很多資料，閱讀此書，必定可以對中外掌紋學有深刻的了解，進而達到了解自己，甚至乎了解別人的一種實用的學問。

讀者如欲觀看鄺師傅親身解說掌相知識，請掃描下列QR碼，以結連訪問影片。

掌紋緣起

簡述掌紋的起源。

先天掌與後天掌

左掌與右掌的看法。

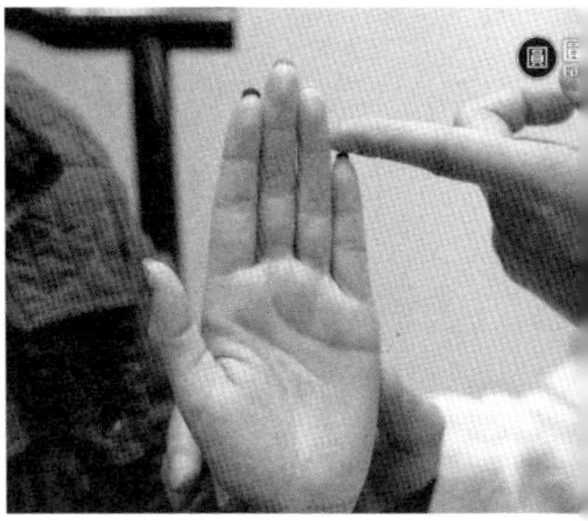

指紋與掌紋

指長與婚姻狀態。每隻手指的代表性。掌紋變化。掌形。掌紋與健康。

手掌厚薄

指掌厚薄軟硬的代表性。手指及掌紋長度的影響。

掌紋分析

事業線與感情線。掌紋清與雜。

目錄

第一章

頭腦線

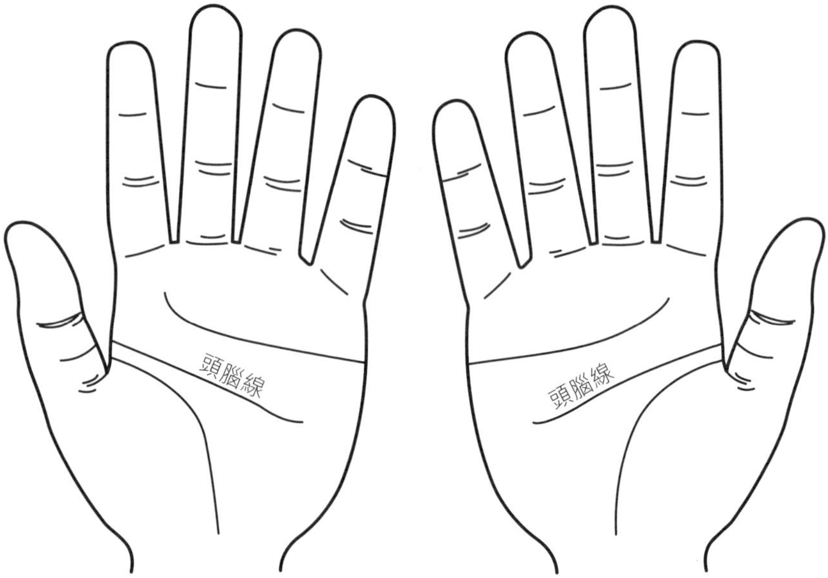

左手代表上半生
即35歲前

右手代表下半生
即是35歲後

論頭腦線（又稱智慧線，又稱人紋）

頭腦線代表人的智慧、思想和分析力，亦是手掌中最重要的一條紋線。就等同於一國之君，有決定性的影響力，所以每逢看掌紋，第一眼要關注的地方就是掌中心的頭腦線，這是學習掌紋學的綱領。

不論男女，左手代表上半生，大約三十五歲前；右手代表下半生，大約三十五歲後至老年。

頭腦線以深刻清楚為理想，具此種紋，人必聰明而有判斷力，智商亦高。

頭腦線生長得好，可以彌補其他掌紋的缺陷；但若頭腦線生長得差，也會將其他掌紋的好處減低。

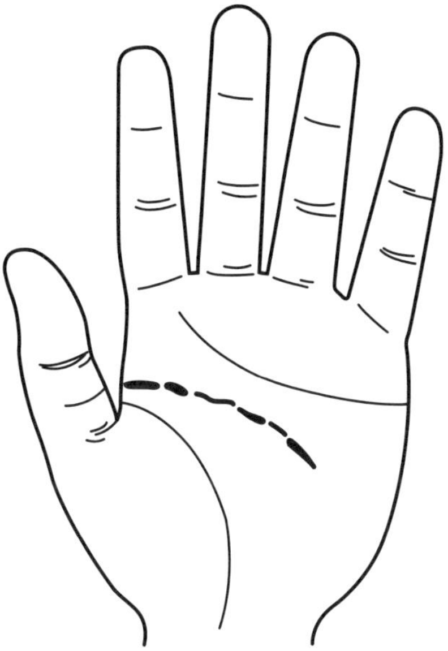

頭腦線粗闊，人多勞動。

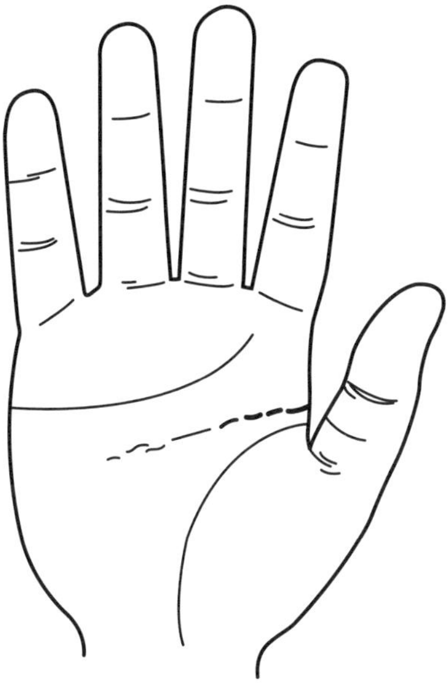

頭腦線平闊，人無定性。

1

頭腦線平闊不清晰，代表此人無定性，無堅定的志向。

2

頭腦線粗闊不清晰，則這人用體力多於用腦力，如從事苦力工作，或者是活躍好動、喜愛運動的人，多數如此。

總括而言，頭腦線紋路精細、明瞭而清楚，其人一定具有非常智慧。

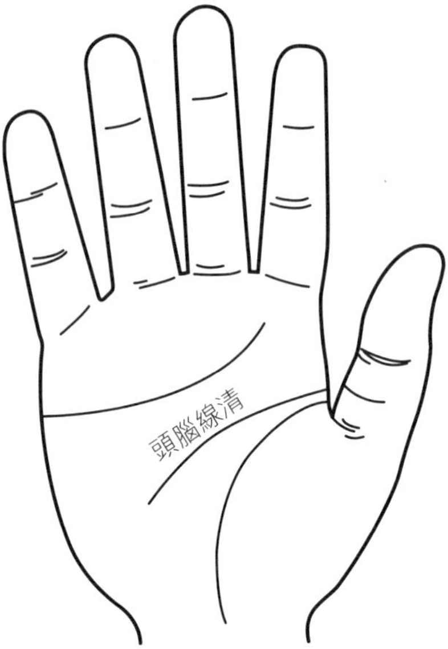

後天補足，下半生成功。

論左右手不同

一般而言：

左手代表遺傳性，是先天手。

右手代表創造性，是後天手。

故假如左掌上頭腦線曖昧不清，而右掌頭腦線清晰明瞭，則代表這人，上半生分析能力和智力不佳；而下半生因自己努力，再加上後天環境配合，而變得聰明有智慧，從而改變自己的命運。

但對於平常以左手寫字，少用右手的人士來說，則相反地以右手為遺傳性，屬先天手；左手為創造性，屬後天手。

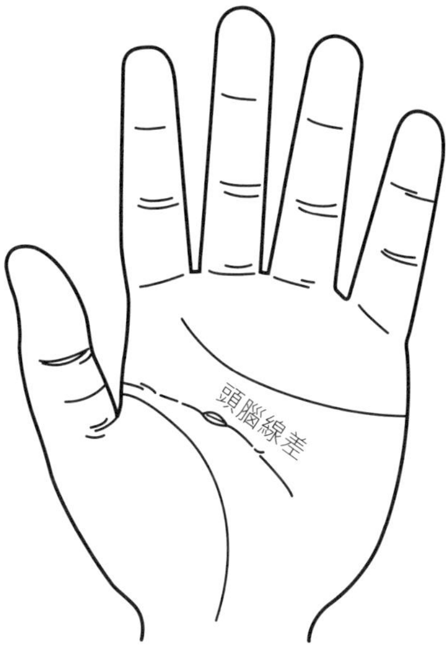

先天不足，上半生運蹇。

簡單來說，是以我們經常用來處理事情，例如寫字、拿東西的手為後天手就對了。可以較用力提東西的那一邊手，便多數是後天手；而少用的手便是先天手。因為先天是不動的，是定數；常用的手便是後天手，因為後天是主動的，是不定數。*

但是有一點我們要注意，在日常生活中，千萬不要偏重於用其中一隻手，要兩隻手都要使用一下，這樣才可以使先後天的運氣加以平均地發展。

* 為方便起見，本書採用一般情況，以左手代表先天手，右手代表後天手。

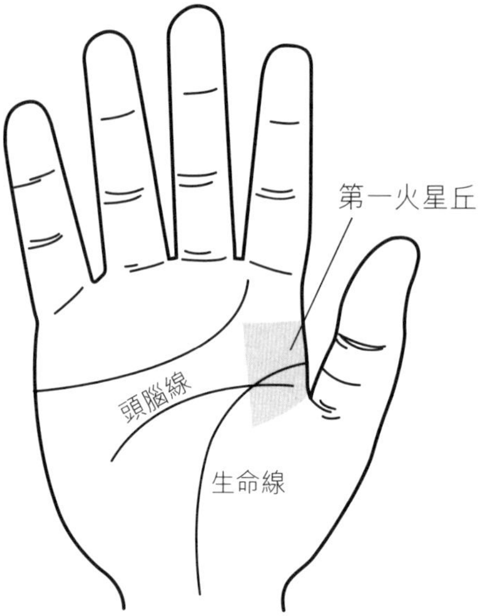

膽小易怒、神經質。

論三種頭腦線

1 一 頭腦線生入第一火星丘，從生命線內出發。

是最複雜的一種頭腦線，因為是受到第一火星丘*的不良影響。要知道，紋線的起始與結束的位置，都是被不同的掌丘所掌管，就好像地方的政府一樣，而看頭腦線的重點在於研究它的起點與終點。

具這種紋理，代表膽小、神經質、過度小心，而且易被激怒，欠缺自制力，並且容易惹上是非。

第一火星丘有攻擊、是非、鬥爭的含義，是煩惱的源頭，如果火星丘凹陷紋多，則會因怕事而被人欺負；相反，第一火星丘若是脹滿的，則會因小事而欺負了別人卻不自知。

* 掌丘詳見第八章

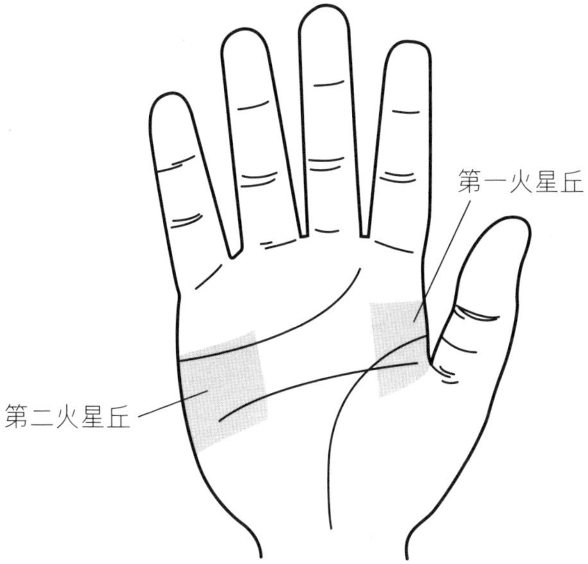

早年不利，愈老愈佳。

2

頭腦線從生命線內出發，線尾橫生，從第一火星丘*開始，橫生至第二火星丘結束。

這代表早年受第一火星丘攻擊、是非、鬥爭特質的壞影響，而使腦筋思維欠佳，導致運程亦欠佳。

到了中晚年時，因受到第二火星丘的冷靜、忍耐、恆心、自制性所支配，再加上隨年紀漸長而變得成熟，便能夠利用智慧改變早年的不良情況。

* 掌丘詳見第八章

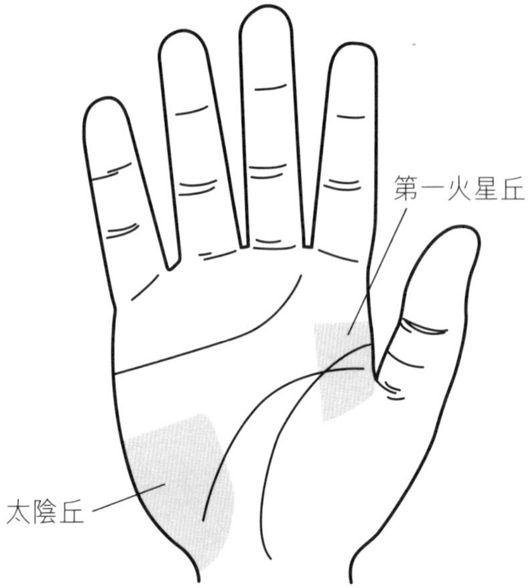

早年不利，老更煩惱。

3

頭腦線生入第一火星丘*，從生命線內出發，下垂至太陰丘。

此種人會受到太陰丘的幻想性所影響，除了對早年不利之外，到晚年性格更走向極端。若再加上有島紋、十字紋，就更易有精神病、自閉、老人癡呆等情況。

這類人士必須戒絕酒、色、煙，並多運動，讓身體及精神健康正常，才可趨吉避凶。

*掌丘詳見第八章

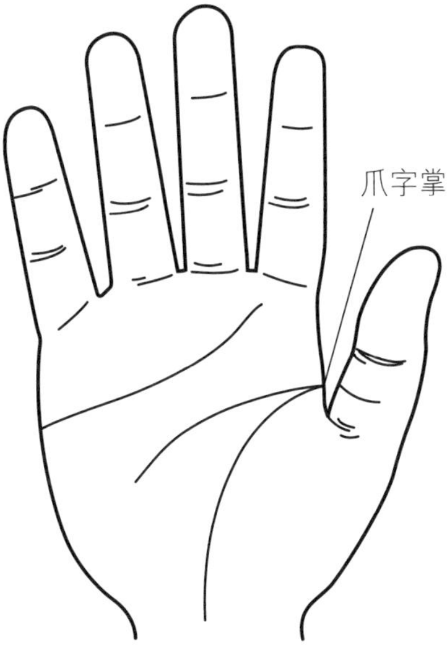

謹慎小心、思想型。

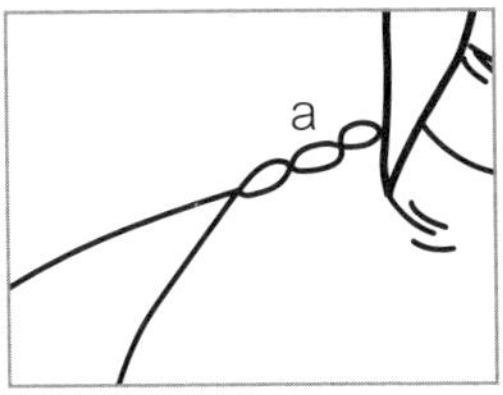

生命線與智慧線重疊處出現鎖鏈形

二

1 頭腦線與生命線接觸(又稱爪字掌)

一般以這種掌紋最多，這種人性格聰明而謹慎，重於精神方面，處事小心，但稍為欠缺衝勁。

爪字掌的人，心思細密，但要注意生命線與智慧線重疊處有否鎖鏈紋出現(a)。

在此位置有鎖鏈紋，代表性格過分小心保守、決斷力不足；而且亦反映了童年的運氣不吉，在健康或書緣都欠理想，甚至跟父母不和。

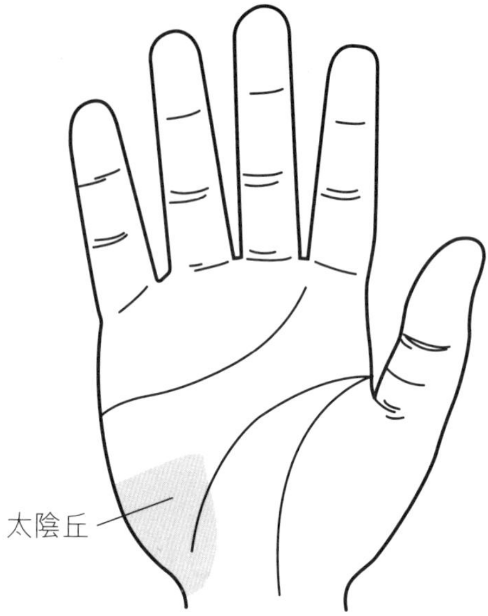

過分小心、欠自信。

2 爪字掌而頭腦線下垂的人，則更為過分地謹慎小心。

這種人有點欠自信，不過，因為受到太陰丘*的影響，會有繪畫、藝術、冥想、氣功、瑜伽等專長。

要注意具此掌紋的人不宜從事管理或從商等事務。

*掌丘詳見第八章

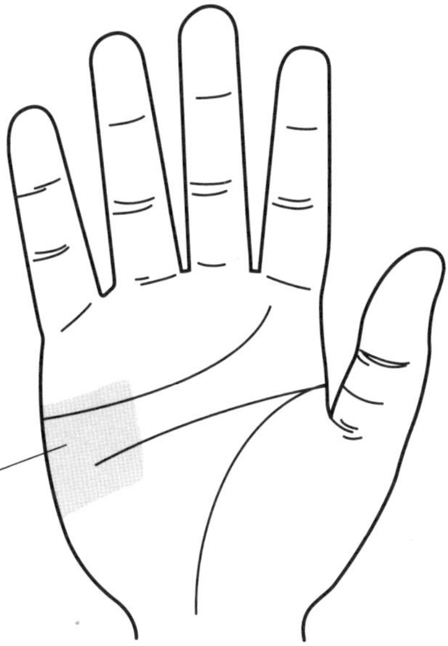

謹慎堅決、有衝勁。

3 爪字掌而頭腦線橫生至近掌邊的第二火星丘*，則其人謹慎之心變為較堅決，做起事來有衝勁，不達目的不罷休。

具此掌紋的人，最宜從事管理、工商界，可謂能文也能武，因這種頭腦線的人，很容易會凡事都向錢看，所以在商業社會是可以取得成功。

只是，此種人有時會被人覺得不近人情，要是其人的大拇指稍為柔軟**一些，則又可以將這種極端的性格加以平衡。

* 掌丘詳見第八章
** 大拇指形態詳見第一八四頁

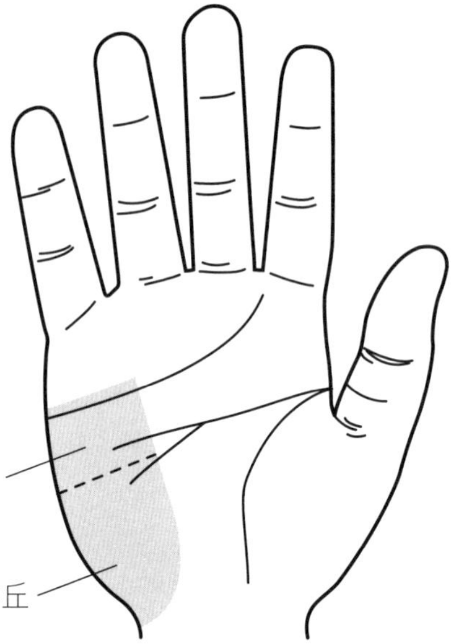

動靜皆宜、三心兩意。

4

爪字掌而頭腦線開叉，且兩叉長度相等，代表欠缺決斷力，心無定向，做起事來會受到兩種力量——理性與感性的支配而三心兩意、猶豫不決。建議具此紋線者應該用最初的決定為依歸。

另一特徵是，這種掌紋的人，其父母之性格或年齡，一定是相差很遠。這是因為同時被太陰丘*與第二火星丘的力量支配下的結果。如果開叉不大，而且頭腦線清晰明確，則又反而有多方面才能，可集科學、管理、藝術、哲學等天分於一身。

* 掌丘詳見第八章

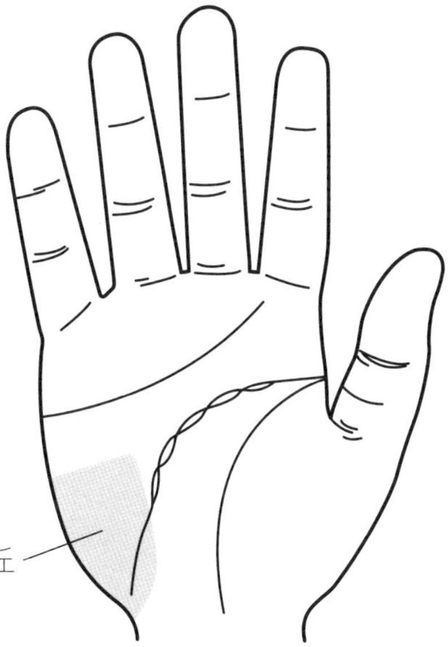

過度空想掌紋

5

如果頭腦線下垂至太陰丘*之底部，再加上頭腦線上有島紋，則會受太陰丘的幻想性支配，加上爪字掌的謹慎個性，會令到這人極端的不切實際、神經極度過敏，而不能與家人同住，甚至與世隔絕，嚴重的更有自毀傾向。

如果是藝術手*、哲學手或理想手，則這種情況會更明顯，因為這三種手形本身已經是有敏感、重精神生活的傾向。

相反，如果是實用手、原始手、扇形手或混合手，則這種情況會減輕。

* 掌丘、掌形詳見第八章

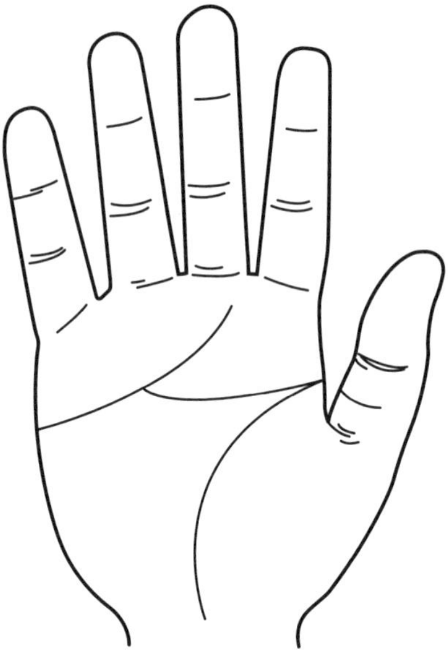
為達目的不擇手段

6

此種爪字掌的人，以理性壓制感情，為達目的而忽略人際、親屬的關係，重物質財富，而不擇手段，甚至有犯法的傾向。

這是一種不正常的頭腦線，如果出現在左手（先天手），是代表因一些遺傳因素，例如疾病、情緒等，而令到自己有犯罪的傾向。

如果右手（後天手）出現這種頭腦線，則代表因為後天環境，例如受朋友的影響，而令到自己有犯罪傾向。

只要知道了原因，並加以注意及改善，是有機會可以將惡運扭轉的。

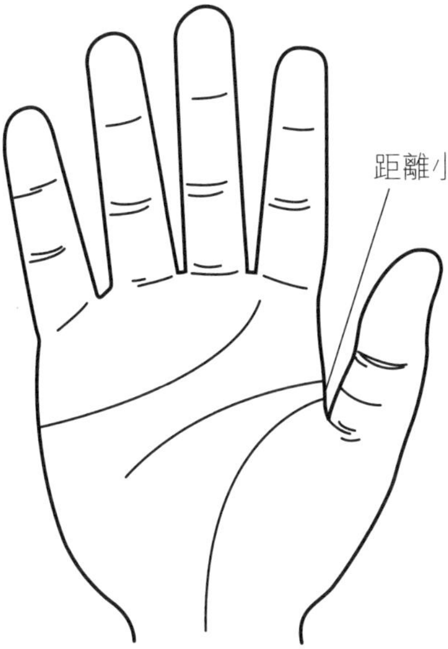

思路廣闊、鬥心強。

三 頭腦線與生命線分開(又稱川字掌)

川字掌以頭腦線與生命線距離小為最好,代表思想自由廣闊,敏於決斷,而且有良好的奮鬥心。

按照中國掌相判斷,川字掌是表示「命硬」的掌紋,所謂「人紋與地紋不相連」,夫妻多反目。

川字掌的女性,只要有事業或工作,則可減輕婚姻問題,故在現今社會,能與配偶白頭到老的亦大有人在。

川字掌的人士,很多時都是排行最大,或是獨生子女,要不然,他們的配偶會是長子、長女或獨女。

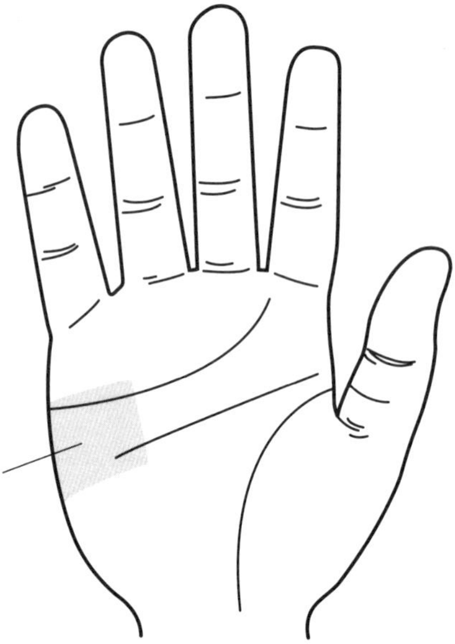

領袖之才、思想佳。

1

頭腦線橫生向第二火星丘*的川字掌，會受火星丘的威武特質所影響，有制馭他人的能力，而且思想極敏銳。此掌唯於文學藝術方面不濟，最宜從事商界或管理工作，甚至軍政界亦適合。

這種頭腦線的開始及結束都是在火星丘之中，受到火星的爆炸性、決斷性、勇敢等特質的影響極大，很多從事軍政界的人士，甚至是大將軍、將領等都常見此掌紋。故此，此掌紋尤其是適合生長在戰爭動亂的時代，必定可以成就個人的大事業。

* 掌丘詳見第八章

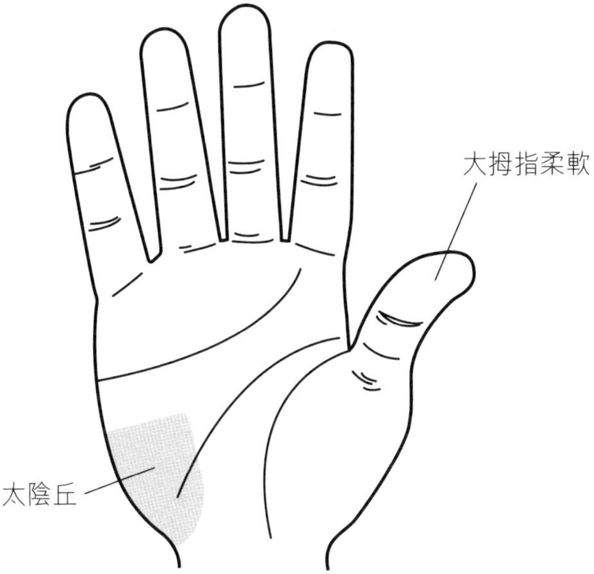

重文學哲理而少衝勁

2

頭腦線下垂的川字掌，受太陰丘*之力量所影響，由決斷而變為不切實際，但於文學、藝術、哲學、玄學等方面卻有專長。

此掌若有柔軟的大拇指**，性格會偏向於優遊，只重於自己的理想而不重於金錢經濟及飯碗。

此掌若有堅實的大拇指，性格會偏向於務實，即使是一個藝術家，也會將藝術轉化成為金錢的收益。

故知，在這種掌紋之下，大拇指的情況，會對性格起了決定性的作用。

* 掌丘詳見第八章
** 大拇指詳見第一八四頁

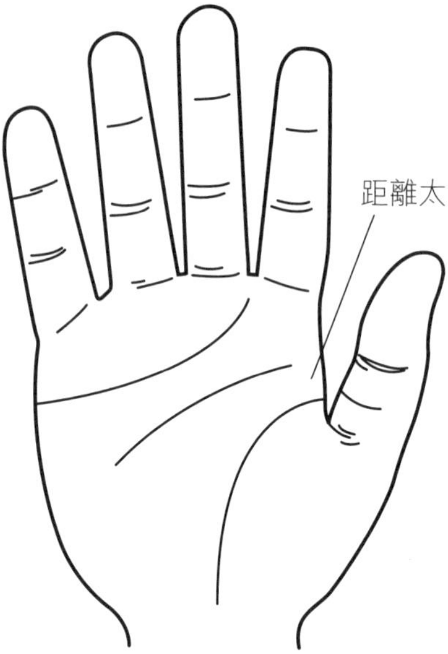

神經衰弱、好虛榮。

3

川字掌中，若頭腦線與生命線的距離闊，表示思想輕浮、無耐性、好虛榮，這種頭腦線的人，易有失眠、神經衰弱的毛病。

若頭腦線清晰則可減輕上述情況，但若是頭腦線有島形則情況更差。

有這種掌紋的朋友，如果大拇指堅韌*，則會增加不利的因素，必須要減少衝動，增加理性，凡事要三思而行；亦可以學習一些藝術、太極、瑜伽、哲學、心理學等，以平衡心性。

* 大拇指詳見第一八五頁

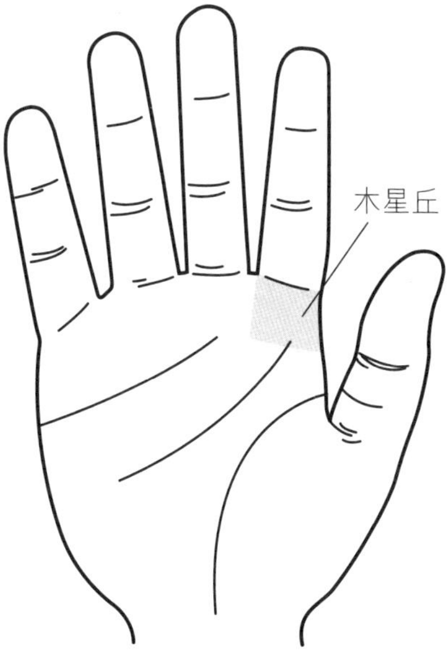

歐斯底里掌紋

4

川字掌之中，如果頭腦線與生命線分開太多，頭腦線的起點便會傾向於木星丘*，對其人會有一些不良的影響。

木星代表野心、權力，以及很強烈的積極性，如再配合較直的頭腦線，會使人有歇斯底里的毛病，以致有失眠症、腦部亢奮，甚至有自殘的傾向。

這種頭腦線如果出現有島紋，更有精神病及暴力傾向。

* 掌丘詳見第八章

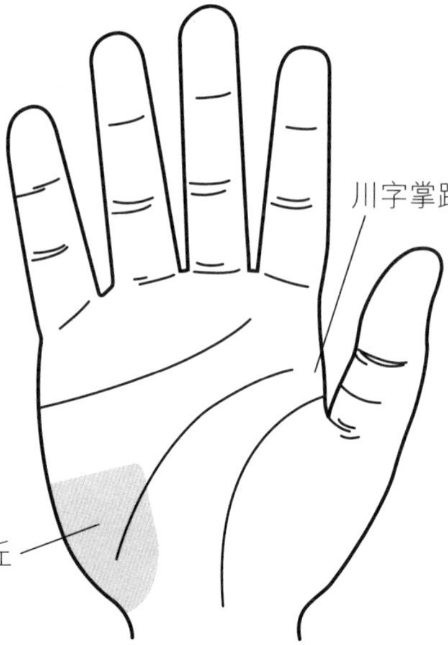

性急而招致失敗

5

距離太陰的川字掌，若加上頭腦線下垂至太陰丘*的，則做事欠實際，但又急進，以致容易失敗。

其人最利從事文學、藝術、哲學、玄學等方面發展，又或投身服務性行業亦適合。

這種掌紋，其人的個性，對自我喜愛的事物會熱衷地追求，例如藝術家去追求完美的用具如畫筆、畫紙、工作的地方……等等，所以很難在商業角度取得平衡點，是以不適合經營生意，最利於從事專業或者學術。

* 掌丘內容詳見第八章

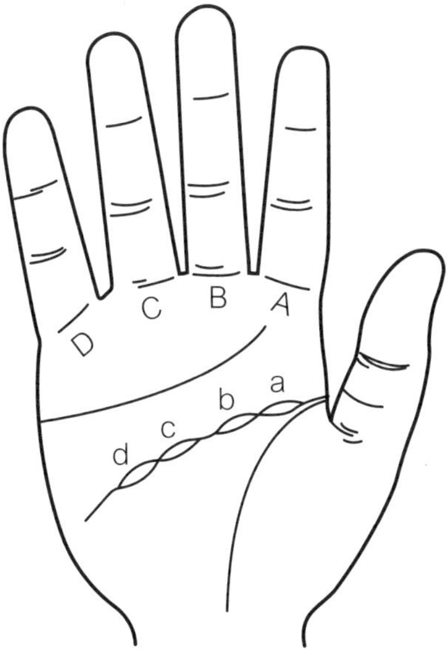

島紋主頭或腦的毛病

頭腦線上的島紋

小島紋代表壞運及慢性病，要看出現在什麼位置來判斷所發生的是何種事端。

1 生於食指下（a）受木星丘（A）*影響，以致少年腦力薄弱而無心向學。

2 生於中指下（b）受土星丘（B）影響，以致中年有頭痛、鬱悶、腦炎等病。

3 生於無名指下（c）受太陽丘（C）影響，以致中晚年視力出現障礙，如近視、散光、遠視、青光眼等毛病，嚴重更會失明。左手代表左眼，右手代表右眼。

4 生於小指下（d）受水星丘（D）影響，晚年精神差，出現老人癡呆、自閉、狂躁等毛病。

*掌丘詳見第八章

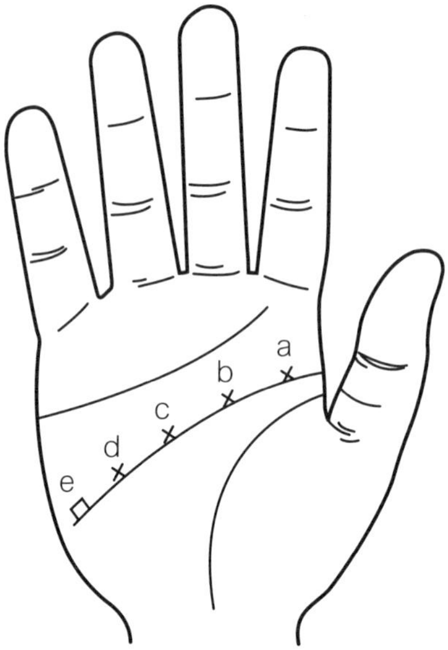

十字紋均主突然意外受傷

頭腦線上的十字紋及方形

頭腦線上細小而清晰的十字紋，均代表頭部受到突如其來的傷害。

1 在食指下（a），主因剛愎自用，兇暴強橫，而被人狙擊。

2 在中指下（b），被野獸所傷，如貓、狗等亦是；或被人暗算、爆破、意外狙擊。

3 在無名指下（c），因失足而傷頭，或因傾跌時碰傷頭部，因而震傷其腦。

4 在小指下（d），因化學藥物，或冒險的事而傷及頭部。

但若果有明顯的方形在頭腦線之上（e），表示雖然有危險，但不會傷及生命。

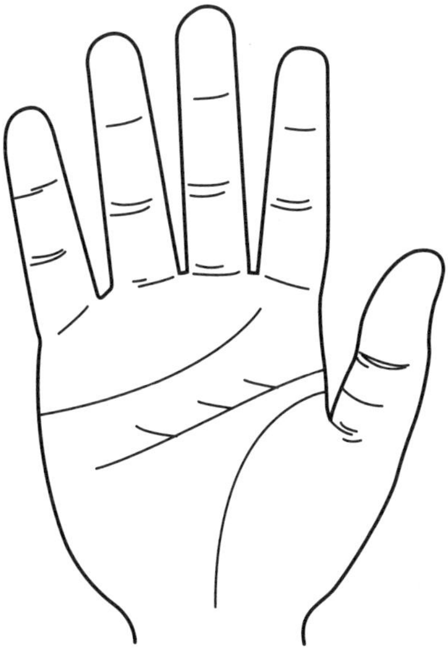

上昇線，主好運來臨，
一紋應一事。

頭腦線的上昇線

凡上昇線都叫「自我奮鬥線」，表示在思想上有積極進取的構思，而最後得到成果。

上昇線在頭腦線，位置所屬歲數*是轉好運之年，如出現升職、創業、結婚、添丁、置業等事。

上昇線在左手（先天手）出現，代表幸運是由他人帶動及幫助為主。

上昇線在右手（後天手）出現，代表幸運是由自己主動爭取得來。

上昇線愈長愈好，愈清晰愈好，哪管是一條短小，但是清楚的上昇線，都可以帶來一至三年的幸運與順利。

* 頭腦線流年圖詳見第三十九頁

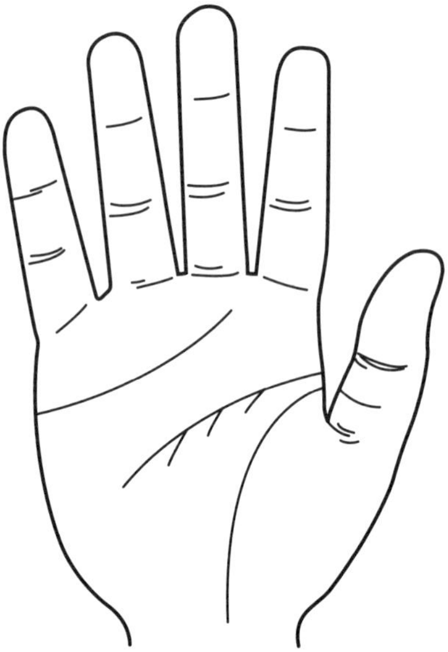

下降線，主計劃落空，
一紋應一事。

頭腦線的下降線

凡下降線都叫「消極線」，代表在思想上有消極及錯誤的想法，最後招致失敗下場。

下降線在頭腦線，位置所屬歲數*是失望之年，例如出現計劃落空、降職、失業、失戀等事。

下降線在左手（先天手），相關阻滯事情是因為他人、或者客觀環境不利而引申出來。

下降線在右手（後天手），相關的阻滯事情則是因為自己的決定與觀感所引申而來。

下降線愈短，則影響力會減輕。

* 頭腦線流年圖詳見第三十九頁

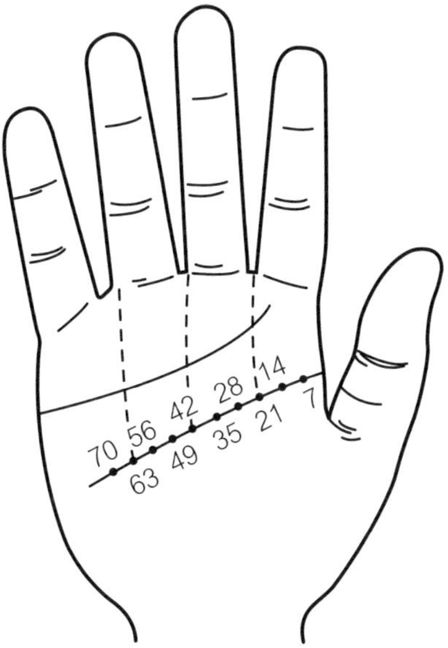

頭腦線流年以七為一段

頭腦線的流年歲數

但凡掌紋流年都用七為倍數，因為一星期有七天，而古法掌丘最基本區分為金、木、水、火、土、日和月七大行星，所以用七為循環數。

1 食指與中指下，是二十一歲。

2 中指與無名指下，是四十二歲。

3 無名指與小指下，是六十三歲。

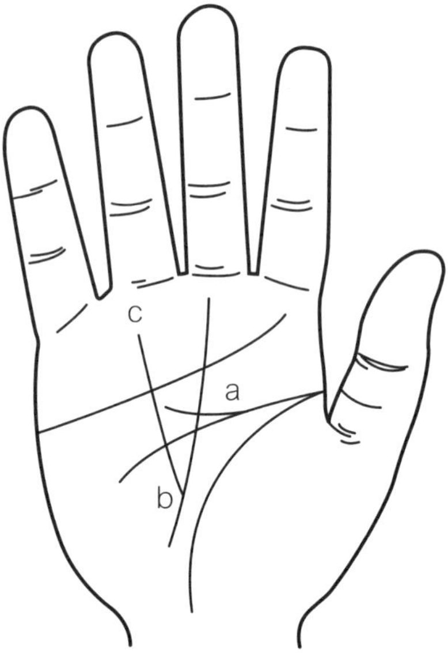

25歲揚名聲，事業有成。

流年看法

頭腦線有向上的細紋，都是代表有智慧的想法，而達致成功的事情。

此掌紋表示大約在二十五歲左右（a），其人在事業上會取得成功，而且會有名氣、聲譽。如何得知，因為在同一歲數時，在事業線*（b）上有一支分支生向無名指（c），是代表名利雙收的。

*事業線流年圖詳見第一〇二頁

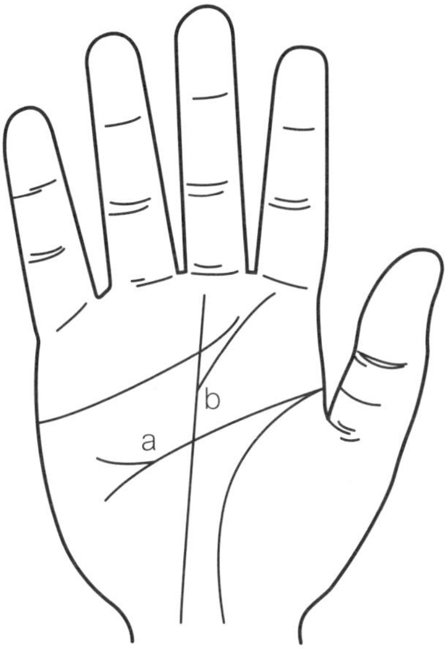

50歲掌權力，得財富。

頭腦線尾部有一支線向上生（a），位置大約是在五十歲，而在同一時間的歲數，事業線*上有一支線生向食指（b），於是我們便得知這人於五十歲起，事業上會達到高峰，掌握權力和財富。

我們必須知道，每一條紋線都有它各自代表的歲數流年，必須要在最少兩條紋線中同時看到吉兆，才可以肯定是吉利。

* 事業線流年圖詳見第一〇二頁

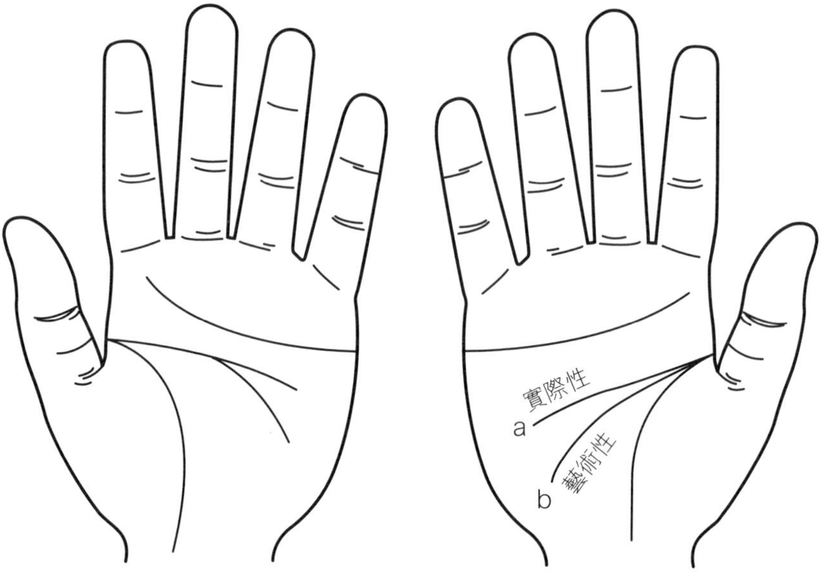

男性遺傳母系，
女性遺傳父系。

一脈相承

左手頭腦線開叉的朋友，有一種特殊的遺傳現象：如果男性有這種開叉的紋線，則會受到母親的影響較大；如果女性有這種開叉的紋線，則會受到父親的影響較大。比如說，會遺傳到父或母親的個性、行為、脾氣、智能趨向，甚至乎相貌都比較相似。

至於右手，我們亦可以從頭腦線上，得知是遺傳自父母哪一方面的特質。

如果右手頭腦線平直（a），則是遺傳了父或母理性實際的個性。

如果右手頭腦線傾斜（b），則是遺傳了父或母的藝術浪漫的個性。

這種情形正是：有其母必有其子，有其父必有其女。

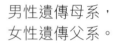

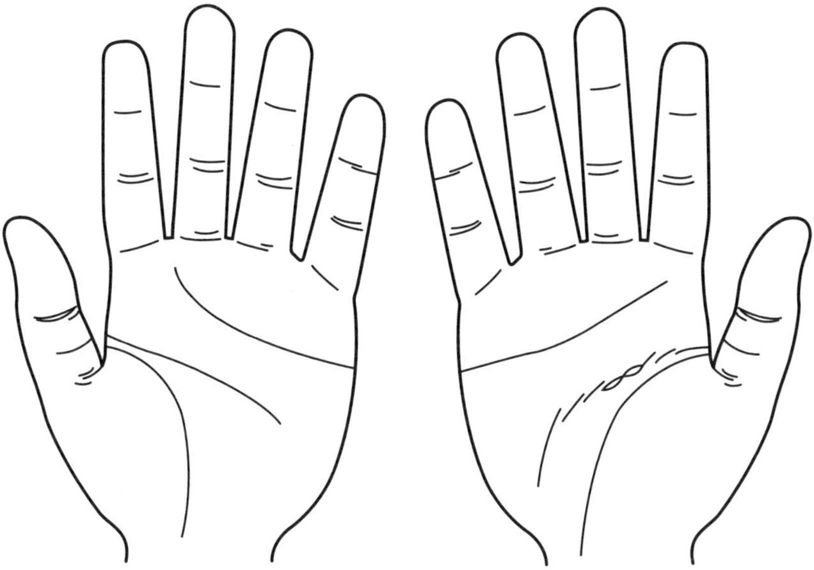

先天秉賦雖好　　後天浪費才華

一代不如一代

右手頭腦線比左手貧弱，可以知道這個人有天賦才華，但是不加以充分利用，白白浪費了自己的聰明才智。

這類人的腦力和教育比他們的父母低，而且沒有堅強的意志力，很多事情都隨遇而安，如果命運好、有祖蔭，這類人便是典型的二世祖，只依靠着父母的庇蔭而過得豐足，但卻過着漫無目的的人生路。

如果命運不好，沒有父母之庇蔭，這些人的命運可以說是貧困，並且一代不如一代，自己又欠缺競爭能力，只好等着政府或別人接濟。

若果是女性，則有兩種含義：(一)命中有好夫的，以左掌代表丈夫，則可以代表是婚後

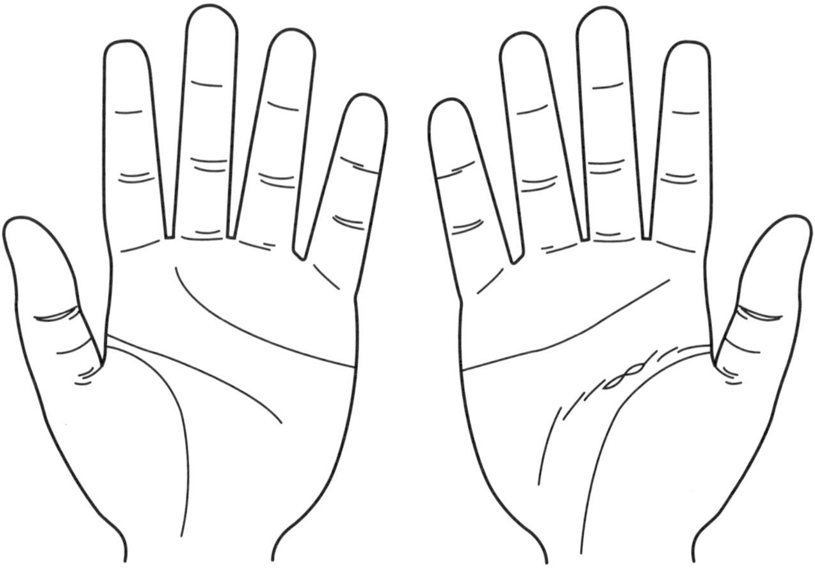

先天勝後天的掌，需在40歲前打好基礎。

依靠着丈夫生活，而不用到外面工作，旺夫而享夫福。（二）如果命中夫貧困，則這種女性婚後亦可能找不到工作，成為「貧賤夫妻百事哀」。

因為左手是代表上半生的運氣，大約是在三十五至四十歲左右轉換，是故這類型掌紋的人，必須在四十歲之前，打好各方面的基礎，令事業及家庭等處理安穩妥當，以確保在下半生的日子，即使是遇到風浪，都可以平安地過渡。

最重要的，是在下半生千萬不要參與一些高風險的投機活動，是必定可以減少不必要的損失，也是趨吉避凶之方法。

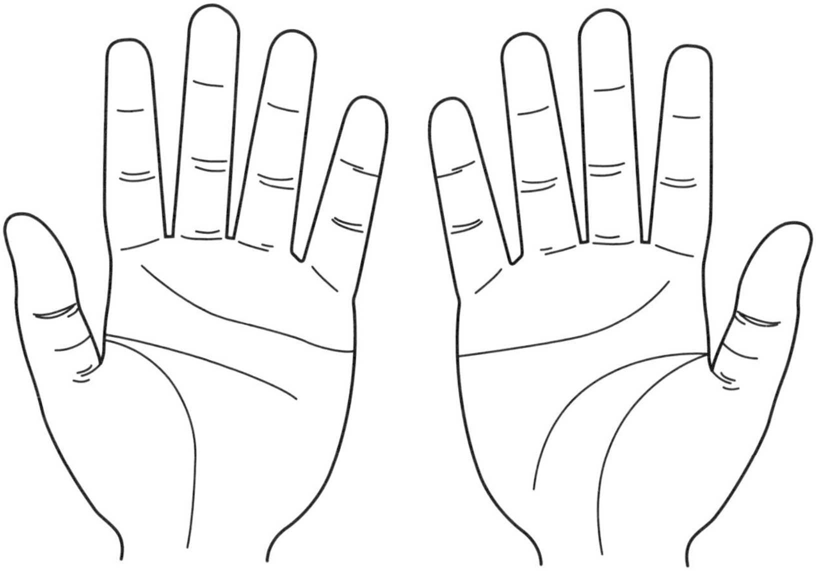

上半生規律理性　　　　下半生自在逍遙

歸園田居

左手頭腦線平直，代表年輕時過着規律刻板的生活，例如父母管教嚴厲，在一間校規極嚴的大學念書，而讀的又是一些理科性的學科，這都是受到平直頭腦線的影響；而在畢業後，又在一間競爭性很大的公司工作。

右手的頭腦線傾斜，則代表此人下半生的性格，由極規律變為放任自由，不拘小節。

如果配合得好，行好運，這人在下半生三十五歲後，已經不用為生活而工作，過着一些半退休的豐足生活。

如果運氣不好，這人在下半生三十五歲後，將會是逃避現實，跑去避世修行，棄現實於不顧。

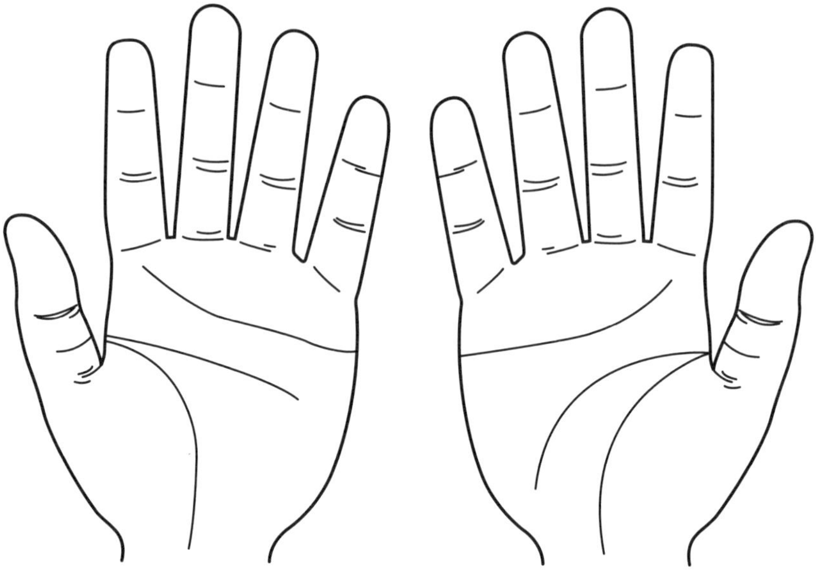

左手代表配偶　　右手代表自己

女性有這種掌紋，代表婚前婚後有兩種極端不同的生活方式，是好是壞，則要看其他方面的配合。

在另一方面，左手代表配偶，右手代表自己，是以這種掌紋組合的人，必定是與配偶的個性有很大的差距。

左手筆直的頭腦線，代表配偶個性實際，對金錢的觀念較重，甚至乎是有較好的理財觀念，所以應該將理財一類的事情，多與配偶商量為好。

雖則夫妻之間個性及志趣不同，但是反而可以起到互補不足的作用。

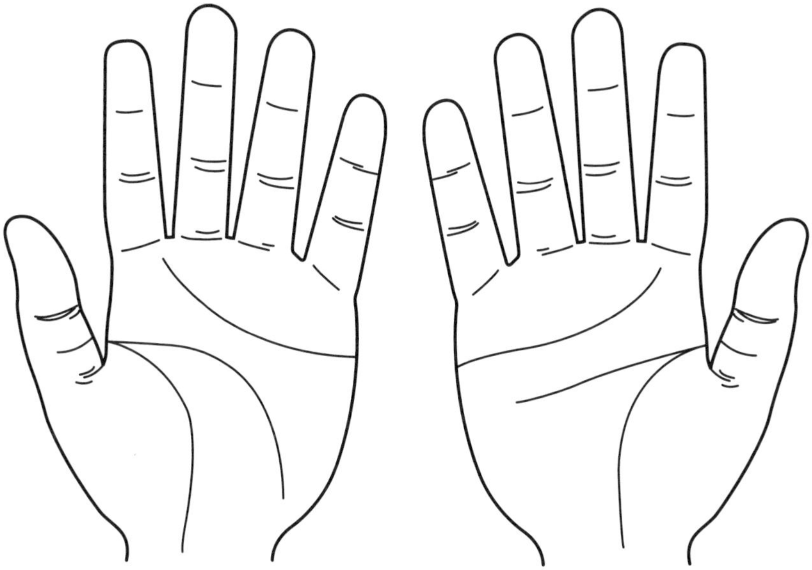

識時務者

左手頭腦線傾斜，代表上半生年輕時隨順自然地生活，我行我素。

右手頭腦線平直，代表下半生由於後天環境的變化，變成一個重實務的人，處處與社會的規律、公司的步伐協調地前進。

這種人的先後天有着十分極端的性格，亦會令人覺得他在個性上有十分巨大的轉變。

如果運氣好，這種人會因為改變而令到自己富裕起來。

如果運氣不好，這種人將會是為五斗米而折腰，為生活而奔波，忍氣吞聲。

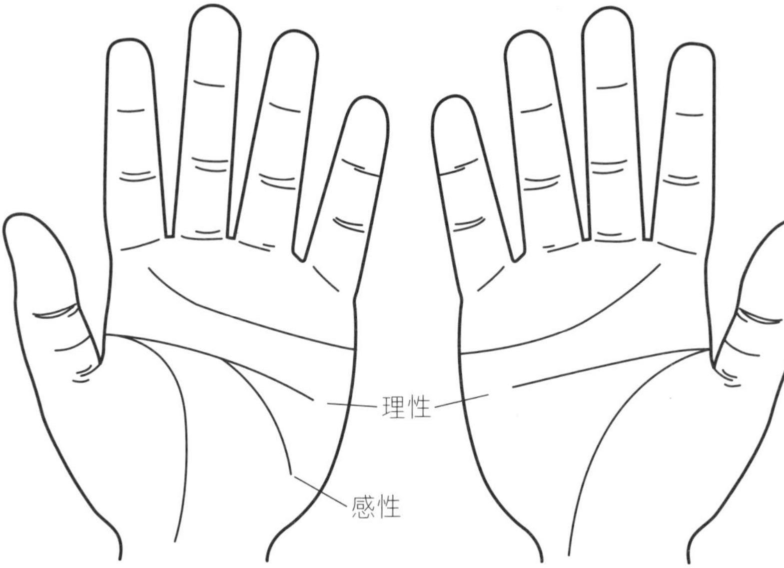

先天性格搖擺不定　　後天性格實際為先

三心兩意

左手頭腦線開叉，是代表這個人的雙親，有着相反的個性與特質，比如說，父母年齡與個性都相差很大，一個性急，一個優遊等。這個人在早年即是青少年時期，受着父母不同性格的影響，變成一個欠缺決斷力的人。

因為他在決定事情時，兼有重感性及重理性兩方面的特質，例如這種掌紋的女性，在結識男朋友時，腦海中會想着究竟是要浪漫帥哥，還是要富裕中年。

到最後怎樣選擇，就要看右手的頭腦線。如果右手頭腦線平直，那麼最後會選擇經濟為先；如果右手頭腦線下垂，則最後會選擇愛情為先。

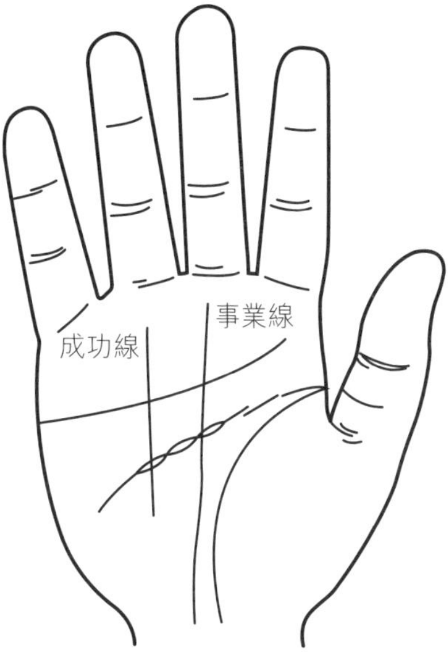

假名假利

主宰一切

頭腦線的重要性，不容忽視，要真正了解手相學，對頭腦線更要多加了解認識。

如果掌中有好的事業線，有好的成功線，但沒有好的頭腦線，甚至是有毛病的頭腦線，那麼這個人擁有的都是假名假利。

這好比一個身在福中不知福的人，有好的環境，有好的享受，但是他自己不喜愛，更生反感，感到它們跟自己的目標背道而馳，因而活在痛苦之中，所以名利不真。

即使成功線是代表好運，但是沒有頭腦智慧的人，是無法把握得住的。

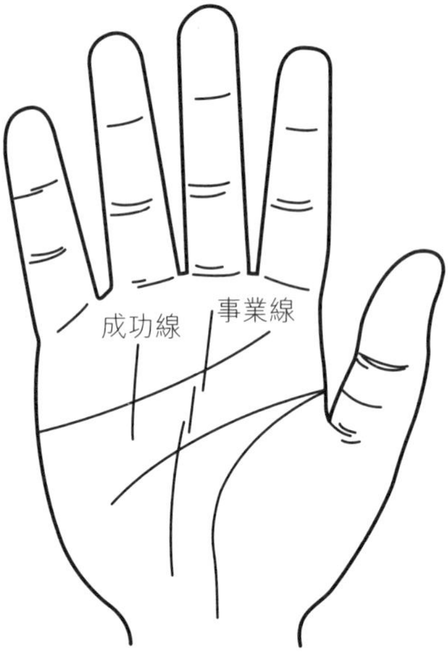

富貴皆真

如果掌中有清晰的頭腦線，但事業線及成功線略有毛病，這都不會妨礙這人的成功，好比一個有智慧的人，是可以清除一些路上的障礙，而達到成功的目的。所以這種掌紋的人，富與貴皆是實在的。

左手受右腦管轄，故左手頭腦線亦受右腦管轄，引申而言，右腦若不發達、不活躍，會導致左手頭腦線較差，從而影響到上半生的運氣。

我們可以多用頭腦線較弱的一隻手，去刺激及影響其連繫的另一邊腦袋的發展，例如寫字、拿筷子、彈琴、打球、做飯、做手工藝等活動……都可以對較差的頭腦線，起到轉弱為強的作用。古時代的人，手握兩個硬殼小合桃在手心把玩，也是有這個意思。

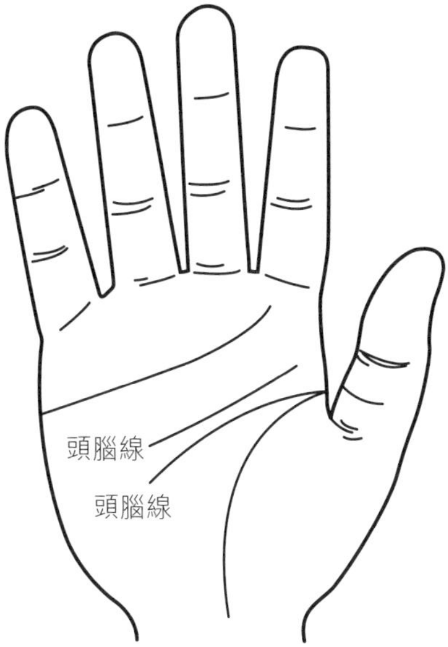

雙重頭腦線，雙重智慧。

雙重頭腦線

一 能配合運用的雙重頭腦線

雙重頭腦線代表着兩種不同的智力，這種人能夠有各方面的才華，即使是兩種不同的生活方式，他們都能配合得到。

不過，這種人的特點是心多，每每不能將精神集中於一件事情，而且有雙重性格，令人難以捉摸。

在古時代有這種頭腦線的人，大部分是財富與權力的繼承人；而現代這種人的成功，則大部分都是靠自己努力而得來。

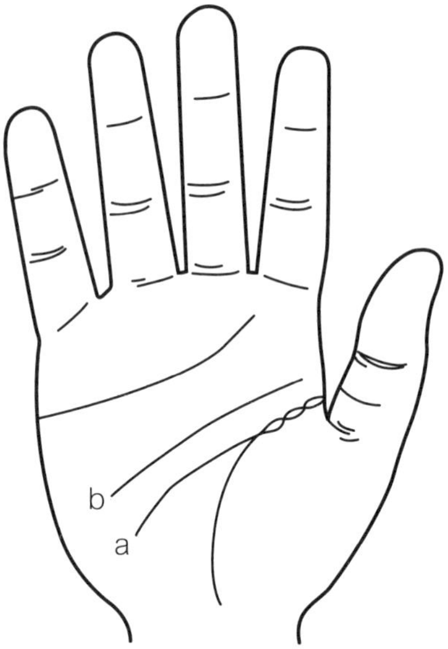

雙重頭腦線，補求偏弊。

二 補助作用的雙重頭腦線

此掌亦是雙重頭腦線，下面的一條頭腦線(a)與生命線開頭連結成鎖鏈形，代表神經質、膽小，少年學業不好，腦力不能集中，幸好有上面一條清晰的頭腦線(b)，發揮了補救的作用。

這種雙重頭腦線，只是有補助之用，而實質上並不如上一種的能配合運用雙重頭腦線一般影響大。

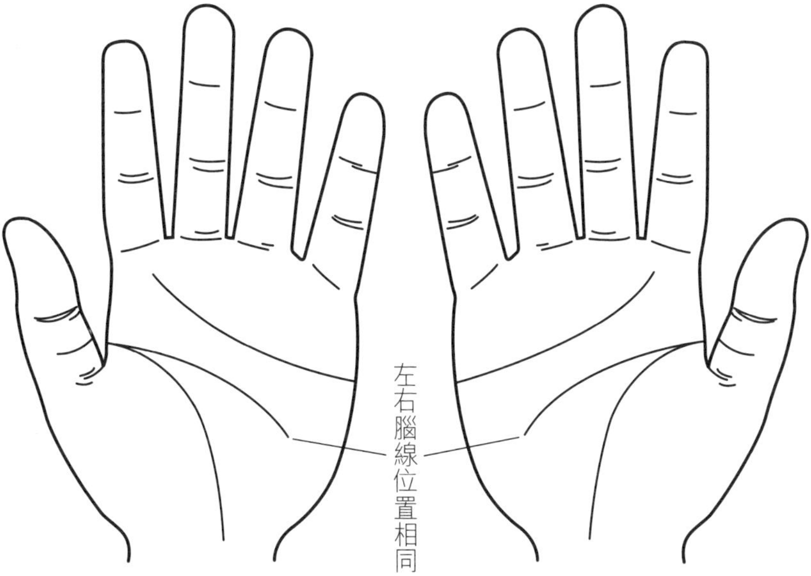

一生如意的頭腦線

左手與右手的頭腦線都在差不多位置而且清晰，代表這人在一生之中無甚大起跌，在少年時代沒有什麼不如意事發生，使他本身及智力都能順利成長，繼而在下半生亦可以將本身的才華加以發展。例如讀書時讀醫科，順理成章地他將來便成為醫療界中人。

其人甚至可以將父母的良好遺傳，加以發揮，例如父母其中一位是博士生，而這人亦會成為博士生。如果繼承父業，亦都會將父母的事業繼續穩定地發展。

女性有這樣的掌紋，婚後可以繼續工作，夫妻二人的智力與才華都匹配。

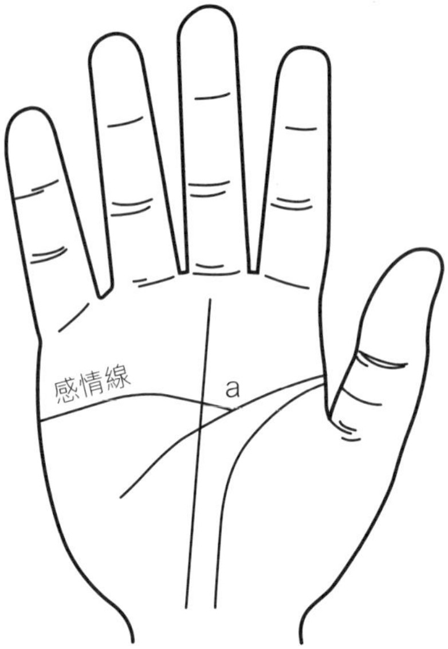

兒童時掌紋

相由心生 • 紋由心改

掌紋學亦有「相由心生」之說，改變命運的方法就是行善，以及順應自然規律。

感情線下垂至頭腦線（a），是情緒控制了理智，這種人一發脾氣便難以收拾，而且情緒化。

在小朋友而言，則會亂發脾氣；在成年人而言，處理事情受感情所主導，絕不理性，是一種極差的掌紋，容易招致失敗。

這種感情線下垂至頭腦線的掌紋結構，亦會有不同的輕重程度。如果感情線比頭腦線粗大明顯及清晰，則不利的情形會較為嚴重；如果頭腦線比感情線粗大明顯及清晰，則不利的情況會較為輕微。

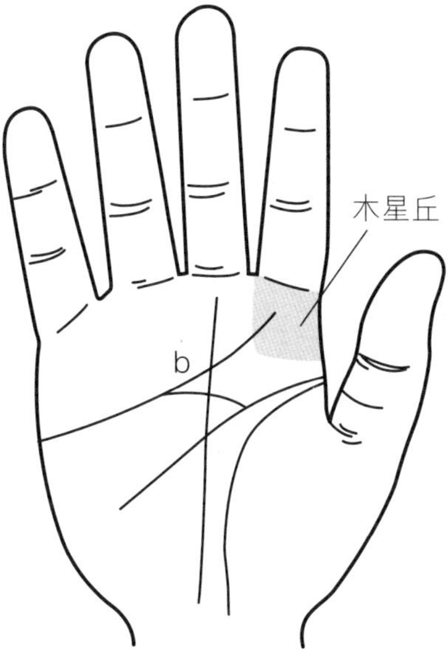

青年時掌紋

左手感情線下垂，是先天及上半生出問題，很多時候是因為父母之間的感情婚姻不如意，而導致性格上的缺點。右手感情線下垂，則大都是因為自己受外在因素，例如結交損友等影響，而導致性格上的缺點。

而當這人年紀漸長和加強修養，又培養助人為本的心智，三數年後，感情線則增生了一條，生向木星丘（b），將原本下垂的感情線變成了神秘十字紋！

這樣無形中便將感情線改變過來，實由於助人多了，人緣變好，使感情線生回正常的位置。而增加修養，有哲學的思維，便形成了一個代表哲學思想的神秘十字紋，於是將惡運完全扭轉過來。

掌紋學令人醉心的地方，亦在於此。

第二章

生命線

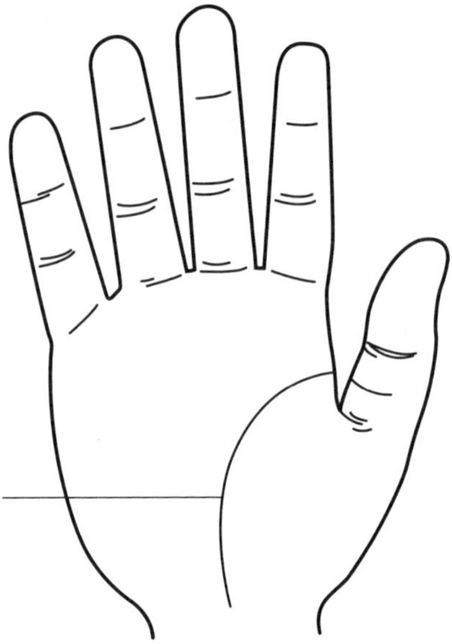

論生命線（又稱地紋）

生命線反映一生之中最易患哪種疾病，以及患病的時間。另一方面又可反映出一生人裏所出現的各種大事。

生命線的基本要求

1 生命線必須長而清、無斷開、無島紋及十字紋等，代表有生命力、有活力，身體的構造強，腸胃與消化系統亦良好。

2 生命線斷斷續續或呈鎖鏈形，代表身體抵抗力弱，腸胃、消化系統也薄弱。以手掌柔軟如無骨者尤甚。

3 細而深的生命線，抵抗力強，意志力亦好。

4 粗而淺的生命線，抵抗力弱，體魄不足。

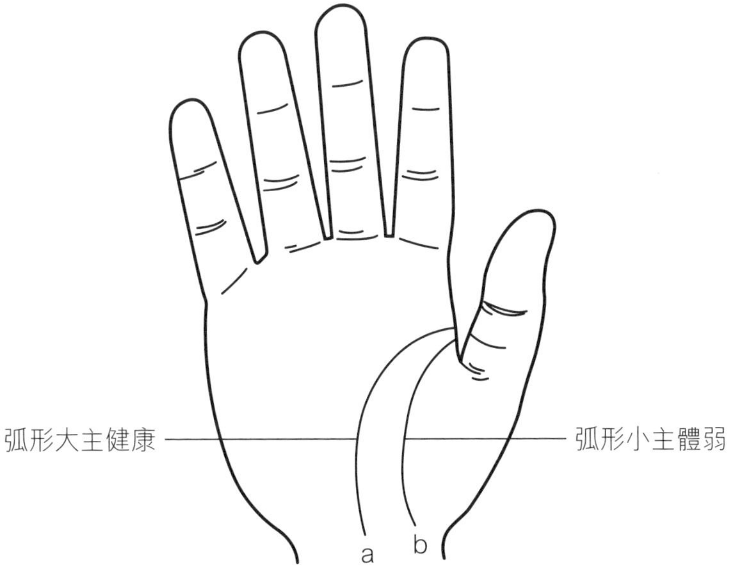

生命線弧形大小反映健康狀況

5
生命線的半圓形，弧形大的健康較好（a），弧形小的健康較差（b）。

生命線又叫地紋，可以代表母親，很多時生命線出毛病，是代表母親的健康不好，例如有慢性疾病。

有一個很奇怪的現象是，母親與子女往往有機會患上同一種疾病，也即是遺傳學上的基因相同，知道了這種情況，便可以早一點作出相關的預防措施。

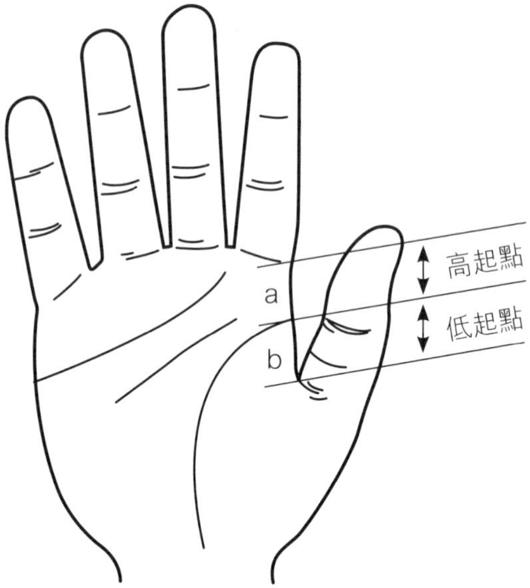

起點高，志氣高。
起點低，較保守。

生命線的起點

生命線的起點非常重要，要注意是以起點高或低來作定論。

1 起點高（近木星丘）（a），野心大，有制馭他人及自制的能力。如果配合其他優點，會有大成功。

2 起點低（近第一火星丘）（b），野心小，控制自己與他人的力量亦小。年輕人有這種線，感情生活比較麻煩，容易惹是非，又神經過敏，會過度小心，缺乏自制力、易怒、易改變主意，所以必須從修心養性方面下功夫。

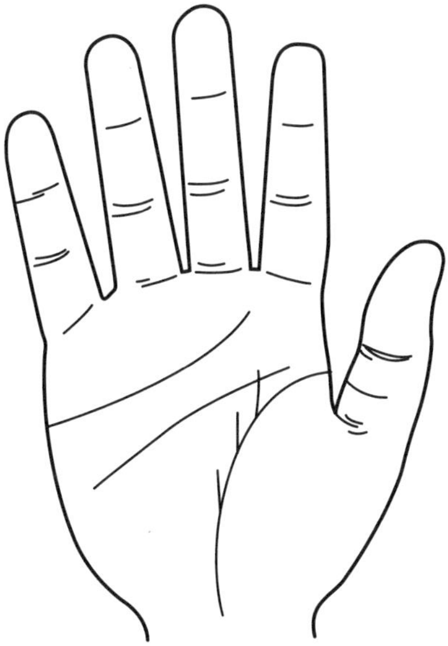

一紋應一件幸運事，
上昇線主好運來臨。

生命線的上昇線

上昇線，出現的位置代表當年*行好運，例如結婚、添丁、開業、升職等人生大喜事。

這種上昇線又叫做「自我奮鬥線」，表示在思想上有積極進取的想法，而最後得到成果。

在左手(先天手)的上昇線代表幸運是因為他人而來，例如上司、長輩、配偶等；在右手(後天手)的上昇線代表幸運是依靠自已努力爭取後，而得到成果。

短小而清晰的上昇線，比起長而幼弱的上昇線，來得有效率。

* 生命線流年圖詳見第七十一頁。

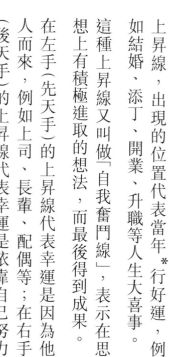

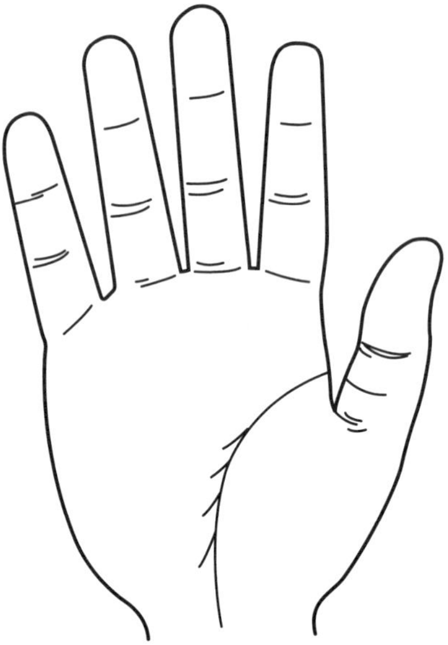

一紋應一件阻滯事，
下垂線主健康走下坡。

生命線的下垂線

下垂線又叫「疲勞線」，代表容易疲勞，亦表示健康及運程走下坡。

這種紋線又叫「消極線」，代表在思想上有消極不進取的想法，最後招致失望。

疲勞線的出現，在不同時期有不同意思。

1 在少年時期是影響學業，例如學校教育方式不能與自己配合。

2 在中年時期，有可能是工作壓力太大，而影響健康。

3 在老年時出現，則大多是預告退休生活已經來臨。

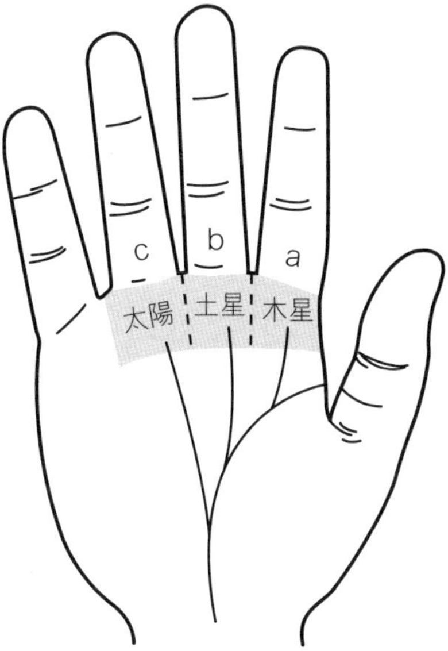

幸運線主名成利就

生命線上的幸運線

生命線上出現長的支線向上，不論生向哪一隻手指，均代表大幸運，並且得到該掌丘*的良性影響。

區分如下：

1 生向食指（a），受木星丘之力，其人因具有堅強奮鬥心而成功，兼且有權力名氣。

2 生向中指（b），受土星丘之力，其人靠刻苦耐勞而成功，有田地物業和堅忍之志。

3 生向無名指（c），受太陽丘之力，其人會盡力爭取聲譽、地位，而且能夠成功。又或者在藝術、政治或演藝事業方面取得成功，兼且具有審美眼光。

* 掌丘詳見第八章

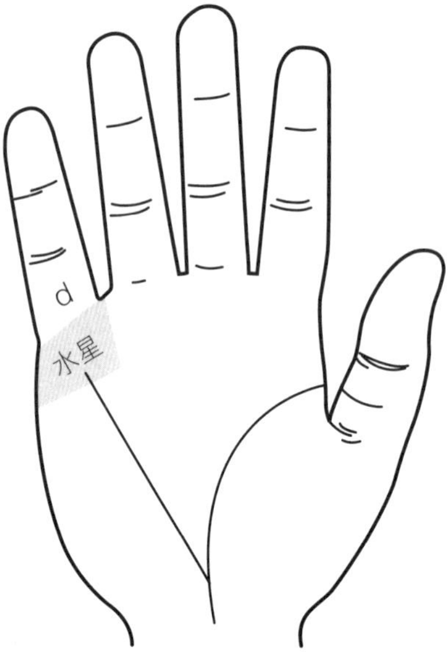

生向尾指之幸運線，
兼具語言天分。

4 生向尾指（d），受水星丘之力，其人因努力而獲得商業上或科學上的成就，又有語言天分。

幸運線在右手（後天手），是代表自己於事業上得到大發揮，通過自己的努力而得到成功；幸運線在左手（先天手），是代表自己的事業是通過其他人的幫助，或者是客觀環境上的改變，而得到成功。

左手的幸運線，很多時候是代表配偶、愛人的事業得到成功，即是所謂：夫憑妻貴、妻憑夫貴等情況。

如果是家庭主婦，沒有工作，而享夫福的，大都在左手有明顯的幸運線。

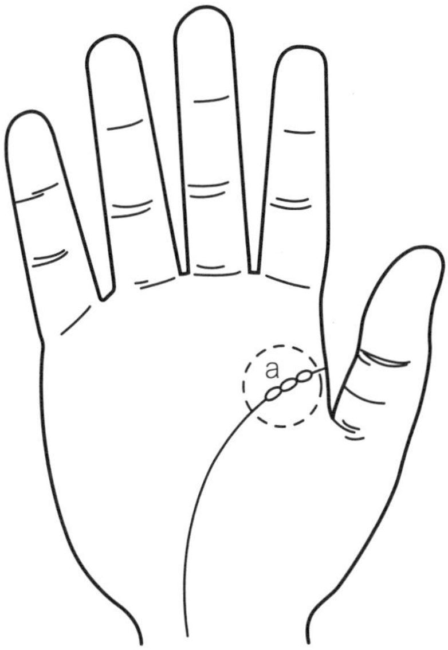

鏈紋主糾纏不利

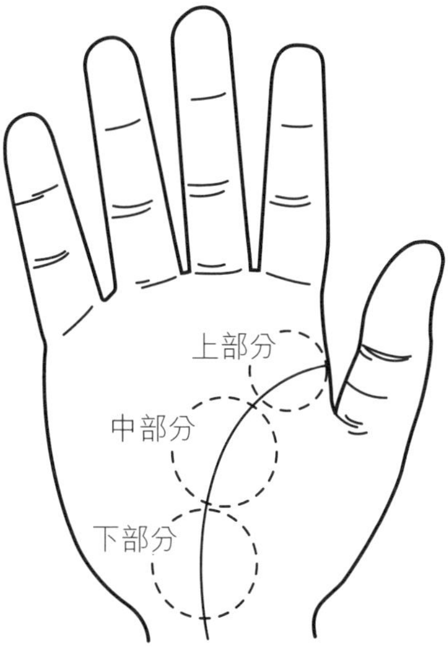

生命線可分為三部分

生命線上三部分

我們可以將生命線分為上中下三部分。

一 上部分

生命線的最上部分，代表人身體的頭、面、頸、氣管等位置。

如果這部分有島紋或斷裂，均代表上述的身體部位會出現疾病。

生命線開始的鎖鏈紋（a），主童年、少年時運程反覆，健康多毛病，書緣不利或母運不好。

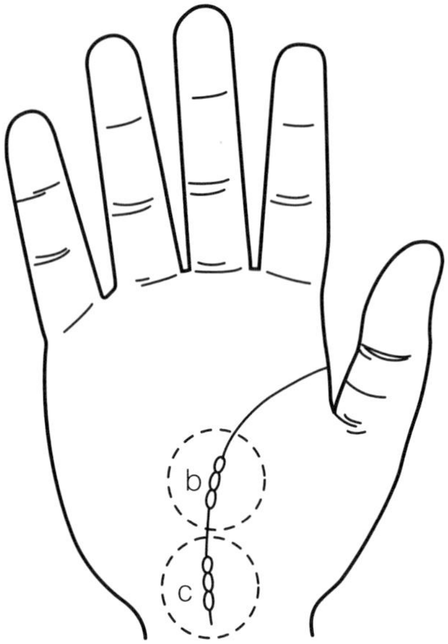

鏈紋影響健康、運程。

二 中部分

生命線的中部分，代表人身體的中部，如胸、肺、肝、腸胃、心臟、膽，如生有島紋或斷裂，會出現以上部位的疾病。

生命線中段的鏈紋（b），主中年健康與運程不利。

三 下部分

生命線的下部分，代表人身體的下半身，如下腹生殖系統、腰骨、下肢等，如果生有島紋或斷裂，則會出現以上各部位的疾病。

生命線末段的鏈紋（c），主晚年的健康與運程皆不利。

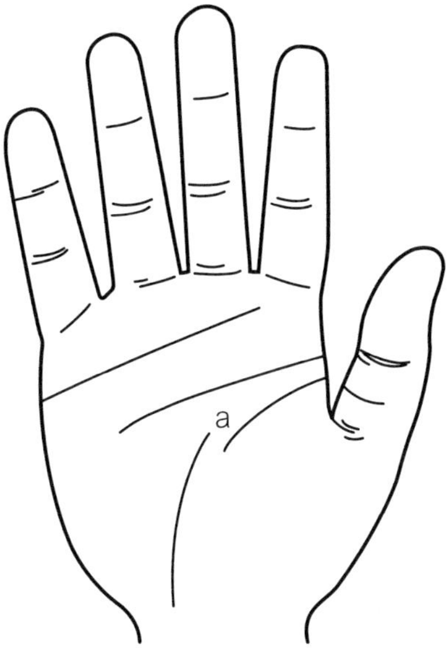

斷開主災病

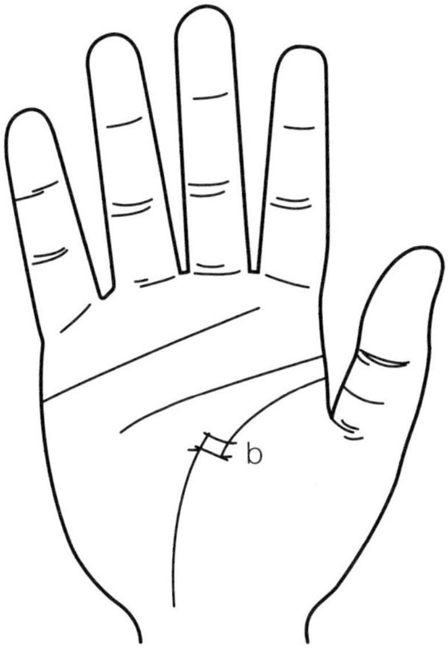

變為方格轉凶為吉

生命線斷開

生命線的長短，並不全代表壽命長短。

例如生命線長，但有十字紋在線上，加上頭腦線斷開（a），便有短壽夭折之兆。

相反，生命線短而清晰，如果有火星線*補救，以及頭腦線優良，則反而可享高壽。

若生命線於中間斷開，一般而言，代表在中年後有長期疾病如血壓高、腸胃病或意外受傷等，如果有其他不利因素，更主大凶。

但若果多注重身體健康、多運動，留心飲食，則可以於斷開處增生了兩條橫線，使斷開處化為方格（b），則又可以逢凶化吉。

* 火星線詳見第六十九頁

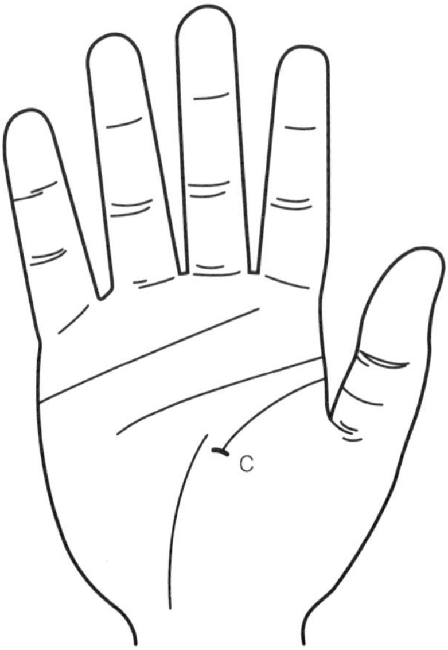

變為橫紋亦主大凶

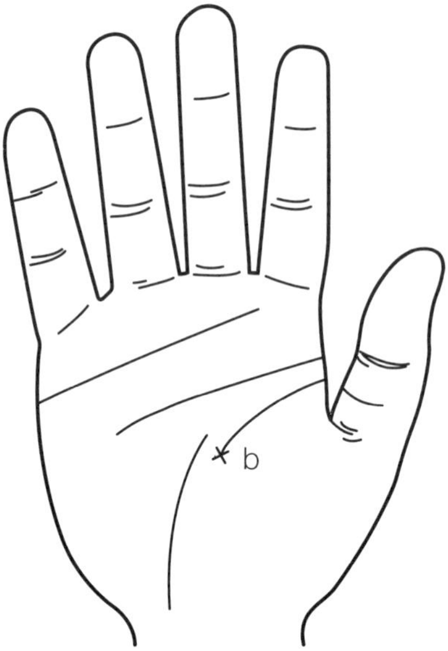

變為十字則主大凶

但方格亦代表被禁制，所以要有一段時間住醫院或者靜養。

要是無視於生命線於中間斷開，仍不顧生活規律，不注重飲食健康，愛夜生活，多行不義，生命線斷開處又會變成大凶之紋。

如在斷口處出現十字紋（b）或橫紋（c），是代表財壽有阻。

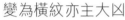

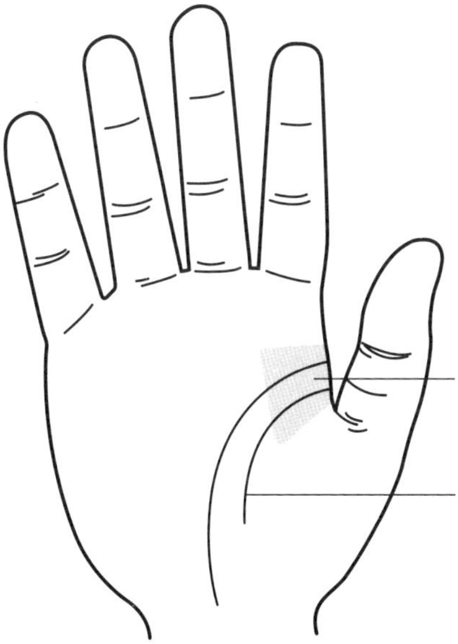

有化險為夷之力，
但亦易惹是非。

第二生命線(火星線)

火星線位於生命線內側，又稱「內生命線」，代表對疾病有很強的抵抗性，並且可以逢凶化吉。

從事危險性職業的人，最適宜有火星線，例如軍人、消防員、警察、特技人、武師、爬山攀石、潛水員等等，均起遇險呈祥之力。

生命線上如果有斷裂破壞，則火星線可以補救，將危險化解於無形。

凡有火星線的人會受到火星丘好勝性質的影響，在性格方面會有一種頑強的爭鬥性，所以容易有吵鬧和打架之事。

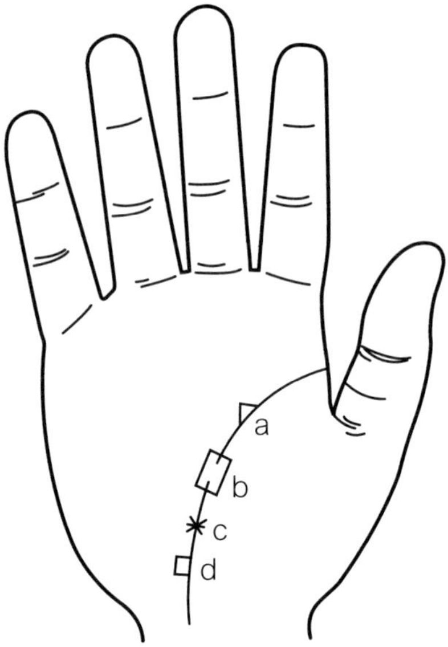

生命線上的雜紋

1 近手心的三角形（a），代表患病及必須施手術。

2 生命線斷開（b），不死亦難免大病，如果中斷處有四方形圍繞，則必定可以逃過大難。

3 生命線上的星花紋（c），主有重病或突發性急病。

4 四方格（d）主牢獄之災，或者入醫院療養，或者入寺院、佛堂修煉。

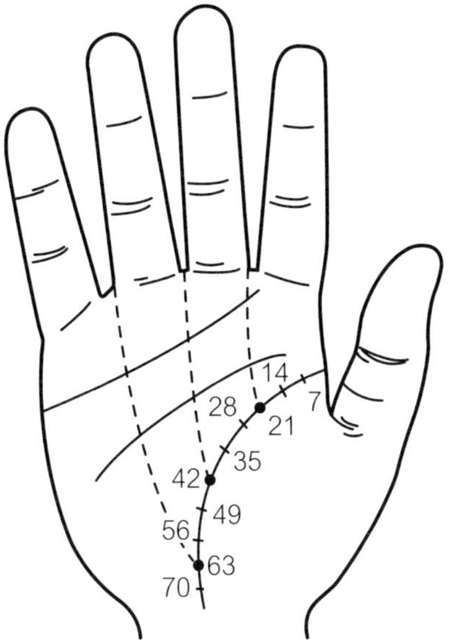

生命線的流年歲數

以七歲為一段，則由食指與中指以下是二十一歲，中指與無名指以下是四十二歲，無名指與小指以下是六十三歲。

為什麼以七年為一個週期呢？原因是根據天上七大恆星：金星、木星、水星、火星、土星、太陽、月亮而來，又根據一星期有七天的一個循環系統而設定。

總而言之，人生中會出現的各樣重大事情，都必定會在生命線上反映出來，尤其是在命運線（事業線）較弱、及沒有命運線的情況下，生命線的流年歲數，就顯得更為重要了。

第三章

感情線

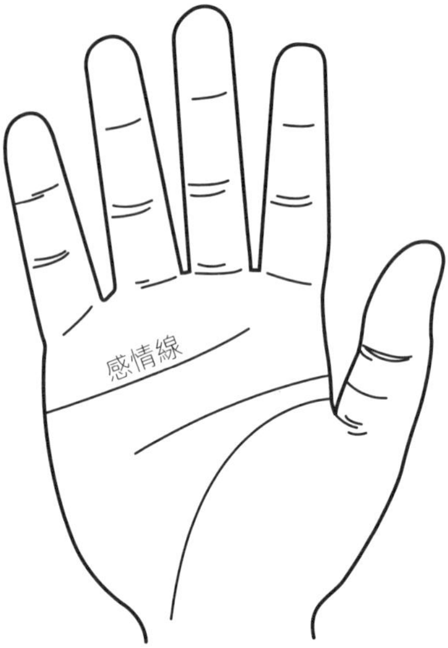

論感情線（又稱天紋）

如果沒有了感情線，人世之間的種種恩怨情仇，亦無從稽考。

為什麼夫妻合意，或者夫妻反目成仇？

為什麼父母與子女關係生變化？

又為什麼朋友多數出賣自己？

為什麼會有「怨憎會，愛別離」之苦？

以上種種情形，感情線都可以為你解答，切記感情線並不單單代表男女之情，而是全方位人與人之間的感情，包括父母與子女、夫婦、情人、兄弟姐妹、朋友、同事等關係。

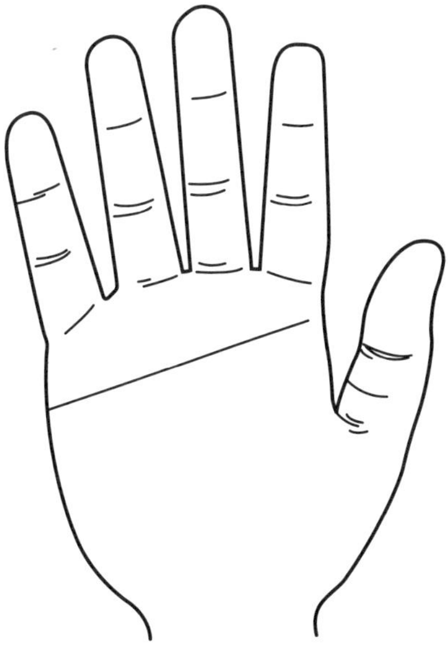

感情盲目，嫉妒心重。

感情線的分類

一 感情線生至掌邊

這種感情線代表長情。

這種人對感情盲目，凡事都感情用事，一旦相信一個人，便會忘記對方的缺點，容易發生盲目的感情，失去理智。

相對地，此人嫉妒心也很強烈、疑心重，所以很容易受到情感上的痛苦。

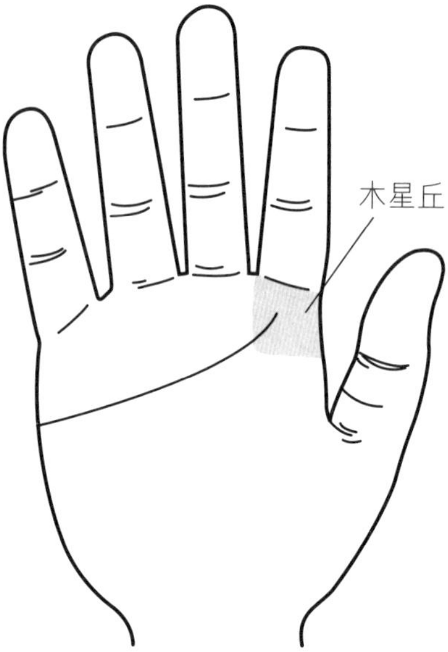

情操高尚、婚姻順暢。

二 感情線在木星丘結束

感情線在木星丘*結束，是最理想的情侶、朋友或人際之間、親友之間的感情顯示。

具此紋線的人，可以依靠與信賴，且有什好的人緣。

此人有高尚的道德操守，對感情態度專一。

雖然其人的擇偶要求高，不過婚姻大都順利，而且會因配偶而得財祿。

* 掌丘詳見第八章

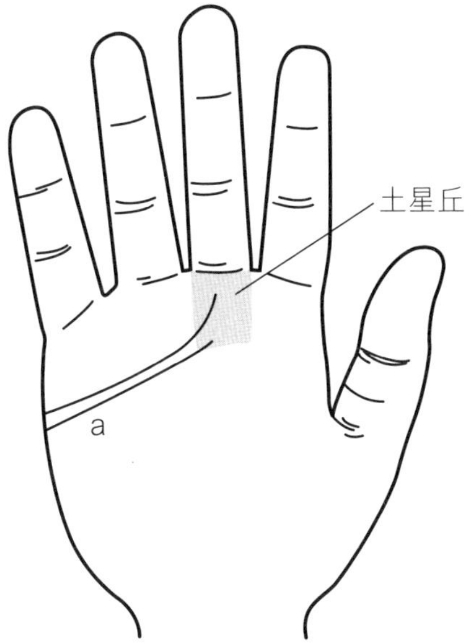

自私專制、現實主義，
紋直更差。

三 感情線在土星丘結束

感情線在土星丘*結束，其人對感情關係自私，是利己及物質主義者，重實際多於感情。

這種人對下屬與對配偶專制而管束，如果看中獵物，會務必得手為止，但是得到之後，又會生厭。

紋路像a的，會常與別人或親人不和、反目或常出現拆夥之類的事。

若感情線愈直愈短，則這種壞情況會更加嚴重。

*掌丘詳見第八章

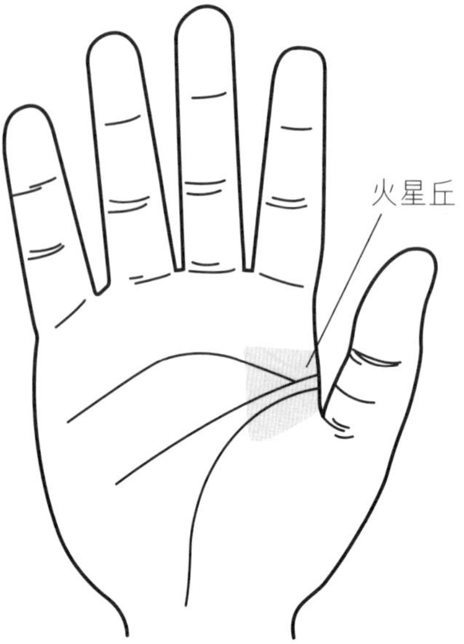

遇人不淑，眾叛親離。

四 感情線下垂至火星丘

感情線下垂到火星丘*，少年時與雙親不和，易失戀及離婚，又或者被朋友、親人出賣、遭遇倒戈相向等不幸遭遇，與同事之間亦易反目不和，是一種較差的感情線，所以切勿早婚，若婚前多經歷失戀，則可減少刑剋。

同時，切記不可感情用事，亦應該要檢討一下自己對親人、朋友、同事等等的態度。過分的關心與幫忙，只會養成他人對你的過分依賴性、要求，導致被對方埋怨的結果。

* 掌丘詳見第八章

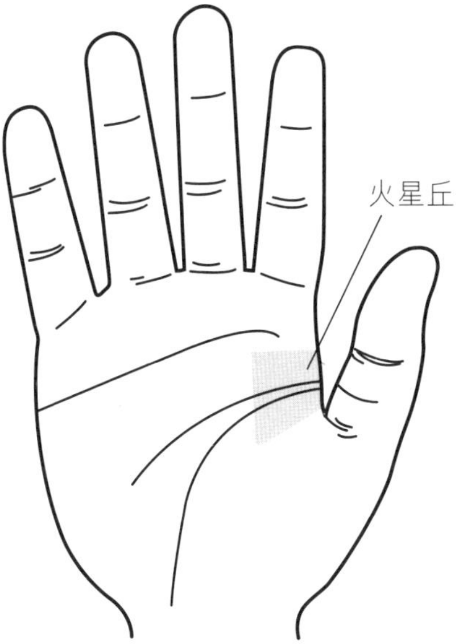

愛情至上

五 感情線尾雖稍為下垂，但不到火星丘

有這種掌紋的人心地非常善良，但卻容易愛上不可能結合的對象，以及會跟自己身份、地位極懸殊的人發生感情。例如老闆與夥記、貴族與平民，就好像公主嫁平民，君主不愛江山愛美人等。

這種感情線的人，若加上柔軟的大拇指*，更會因為感情豐富，特別容易由憐生愛，惹到三角戀愛。

有些情況是更是「人見人愛」，即是遇到一個愛一個，墮入感情煩惱網。

* 大拇指詳見第一八四頁

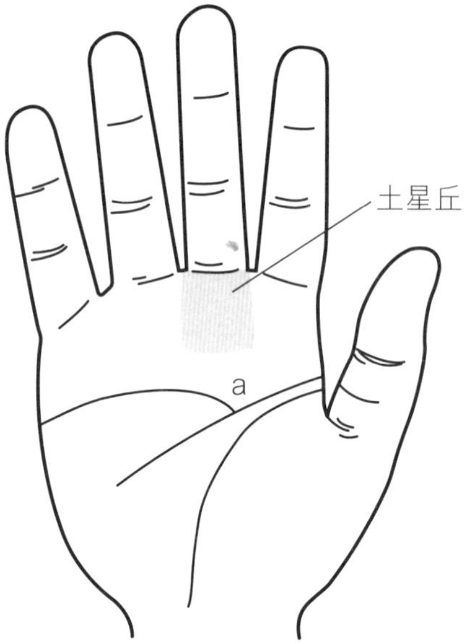

喪失理智

六 感情線下垂至土星丘下方

感情線在土星丘*下方與頭腦線接觸（a），是因戀愛或人事問題而失去理性，又會因衝動而做出失去理智的事，甚至導致血光之災、性命危險。

土星是代表阻力、自我、罪惡，是以感情線下垂至土星丘的人，很容易會觸犯刑法，所以千萬要十分之小心，不要以身試法。

此紋若在左手（先天手）出現，要留心因為誤交損友而犯罪；若在右手（後天手）出現，要自身培養道德觀念，與及個人修養，久而久之，掌紋便會慢慢改變。

*掌丘詳見第八章

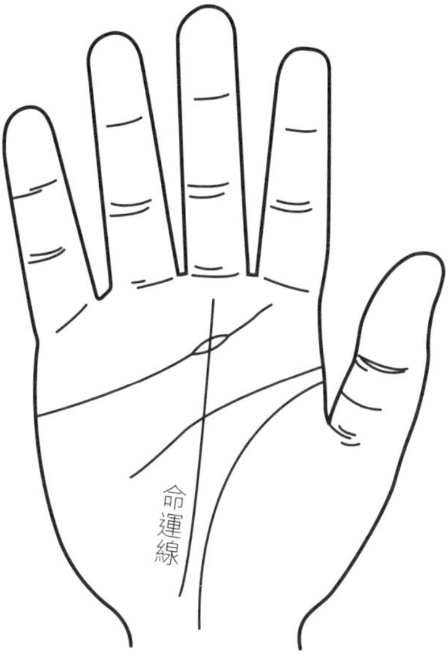

桃色糾纏

七 感情線上有島紋

感情線上有島紋與命運線相連，會惹起桃色糾紛及三角關係，而且更陷於困境。

一般生在感情線上的島紋，都有可能與感情糾紛有關。

若島紋細小，問題糾纏的時間性較短。

愈大的島紋，則麻煩、受困擾的時間會愈長。

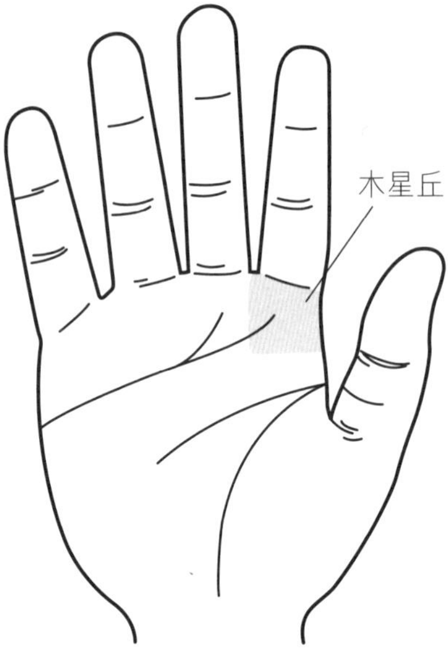

兩叉向上，多情多義。

開叉的感情線

一 感情線開兩叉向上

開叉的感情線比直線的感情線，感情來得豐富，但要視乎開叉的方向才可論吉凶。但大部分開叉的感情線，其中一支線或主線會生向木星丘*，所以開叉的感情線多不以凶論。

開兩叉向上，感情處理適當，品行端正，多數在婚姻與人事上均會圓滿，婚後財運、家運亦好。

*掌丘詳見第八章

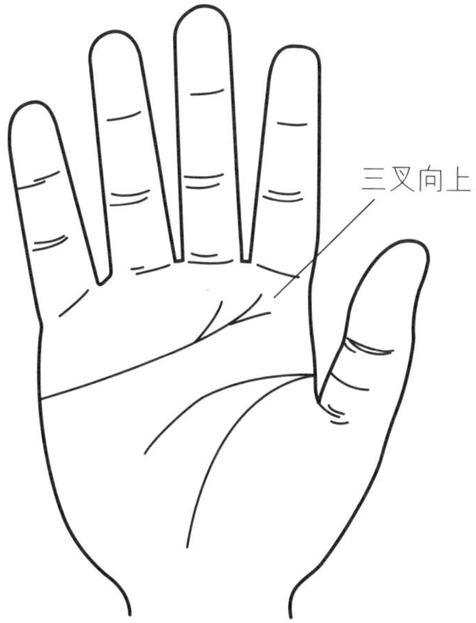

三叉向上，博愛心慈。

二 感情線開三叉向上

感情線開三叉向上的人，感情豐富，有博愛之心。

這種人可以犧牲自己的時間、金錢去助人，從而得到在精神心靈上的滿足，因此最易成為慈善家。

如能配合良好的婚姻紋，多能享美滿婚姻，夫妻白頭到老。事業方面，亦能得到相當不俗的人和。

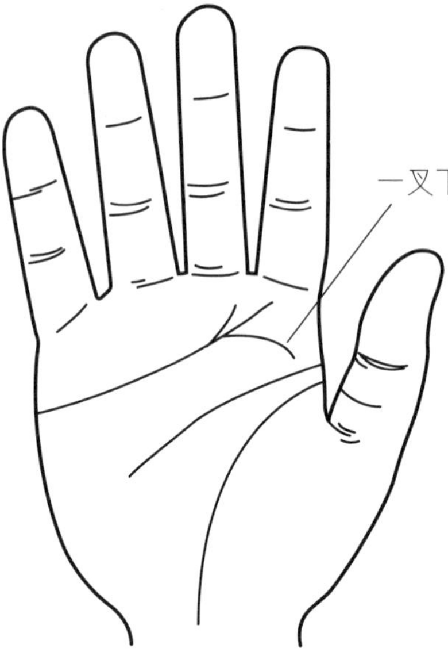

多情博愛，易惹桃花。

三 感情線開三叉而一向下

同情心太重，亦可以犧牲自己去助人，只是感情錯種，易惹桃花，婚姻、感情煩惱多，但心地善良。

這種人在事業方面，最忌擔保和合夥，尤其夥拍有親屬關係的人，更是一大忌。

這種三叉的感情線，有很良好的人際關系，最適合從事公關、經理人、傳媒、慈善公益等相關的工作。如果配合一隻堅韌的大拇指*，可以將缺點減輕一點。

感情線又叫天紋，亦代表早年運氣，這種感情線的人，在青少年時期，已經得到長輩師長的愛護與支持，在各方面都容易得到成功，甚至乎很早便遇到心目中的人，或者早結婚。

* 大拇指形態詳見第一八五頁

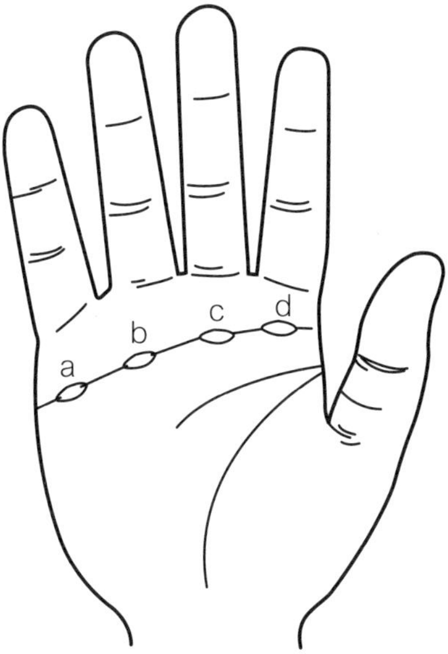

島紋主疾病，感情有風波。

感情線上的島紋

島紋在感情線上有兩種意義，一是健康問題，一是感情之事，但都是不利。

1 在小指下（a）：生殖系統、婦科或腎病，又主心臟血管毛病。亦主因金錢、子女問題而令婚姻起風波。

2 在無名指下（b）：有眼疾、心臟血管毛病、血壓高或性情暴躁等。亦主因第三者而影響婚姻。

3 在中指下（c）：有神經過敏、結石、腫瘤、痛症或心臟血管等毛病。亦主因意外或疾病而影響婚姻。

4 在食指下（d）：有腦沖血、心臟血管等毛病。亦主因夫妻性格不合而影響婚姻。

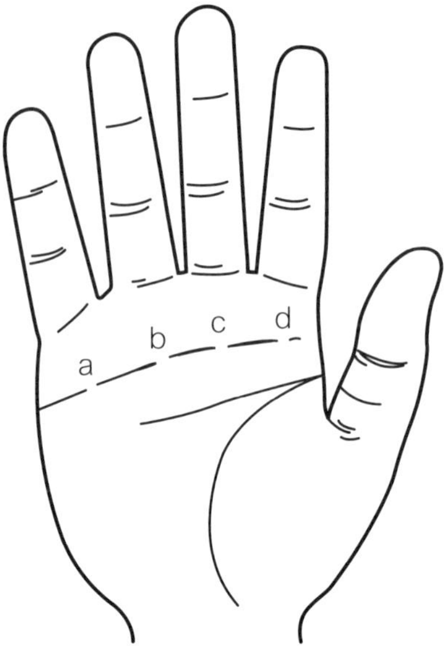

斷裂主刑剋、生離死別事。

斷裂的感情線

斷裂的感情線均代表六親之間有生離死別的事情。在少年時*要留心與父母感情不利；在中年時要留心夫婦感情不利；在晚年時要留心與子女感情不利。

1 在小指下斷開（a）：因金錢或物質問題而影響親人、朋友或夫妻間感情。

2 在無名指下斷開（b）：因第三者或不名譽之事，引致婚姻或六親人事的變化。

3 在中指下斷開（c）：因疾病、意外或壞運，引致婚姻或親人的人事變化。

4 在食指下斷開（d）：因爭權奪利或性格問題，而引致婚姻或親人的人事變化。

* 感情線流年圖詳見第九十三頁

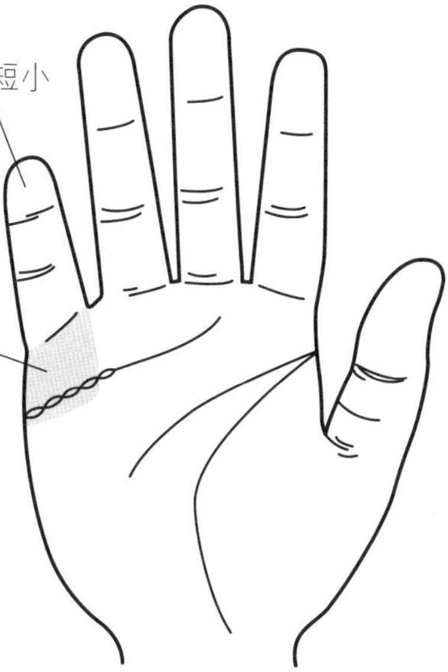

小產漏胎紋

鏈形的感情線

一 女性小指下的感情線呈鏈條形狀

又稱為「漏胎紋」，代表容易小產，如果再加上小指很短，或者小指根部比其他指根低了一段，則會有不孕症。

這是由於尾指下的水星丘*，是代表女性的生殖系統，水星丘太弱小形成尾指短小，以致不孕。

* 掌丘詳見第八章

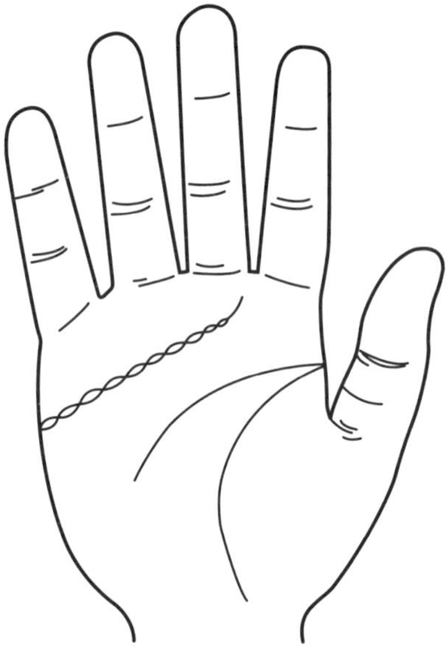

多愁善感紋

二 全條感情線呈鏈形

為人多愁善感，重精神多於物質。這種人喜歡單獨胡思亂想，愛聽音樂或看書，不善於表達自己的意見，所以遇到紛爭或挫折時，不懂得如何面對。此外，性情亦較為情緒化，以及不善於表達自己的情感。

但有一特徵，如果有這種感情線但同時是一位心臟病患者，則以上情形會相對減輕。

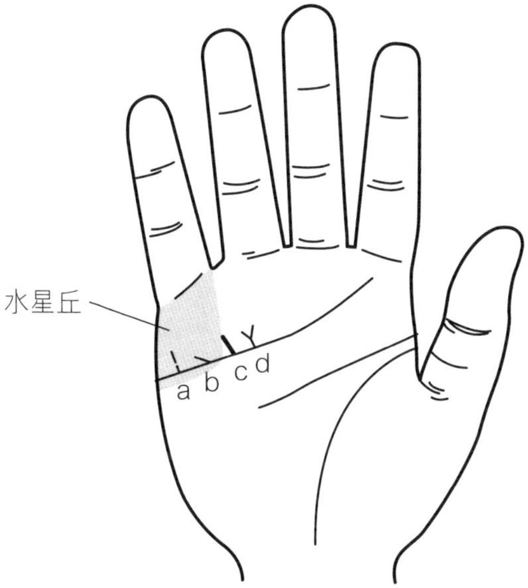

感情線上的子女紋

在小指下的水星丘*，代表生殖系統，故在這段感情線有向上生的細紋，是子女紋的代表。

斷紋（a）代表中途夭折，或小產。

紋幼（b）大多代表會得女兒，或者內向的兒子。

粗紋（c）大多代表會得兒子，或者是聰明的女兒。

Y字紋（d）代表孖胎。

判斷子女必須看小指與水星丘，如豐滿有肉則多而且吉。

若小指太弱兼彎曲、水星丘低陷而瀉，則子女少，並多為不孝或生離、多病。

* 掌丘詳見第八章

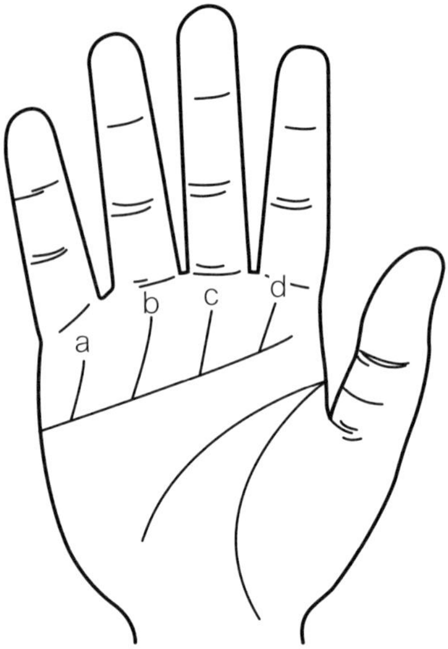

因妻得貴，因夫得祿。

感情線上的幸運線

下列四種幸運線均主吉利婚姻，無論生長在何指下，得不同掌丘*之力，主有吉無凶，配偶必定是貴人。

1 上昇至尾指（a）：得水星丘之力，主得智慧及聰明的配偶，並有商業或科學的頭腦。

2 上昇至無名指（b）：得太陽丘之力，主得美貌有氣質及藝術修養的配偶，而且眼大或眼神有威。

3 上昇至中指（c）：得土星丘之力，主得有財富田產、沉實內向穩重的配偶。

4 上昇至食指（d）：得木星丘之力，主與有名譽、地位的人結婚，但配偶有時候比較主觀和獨裁。

＊掌丘詳見第八章

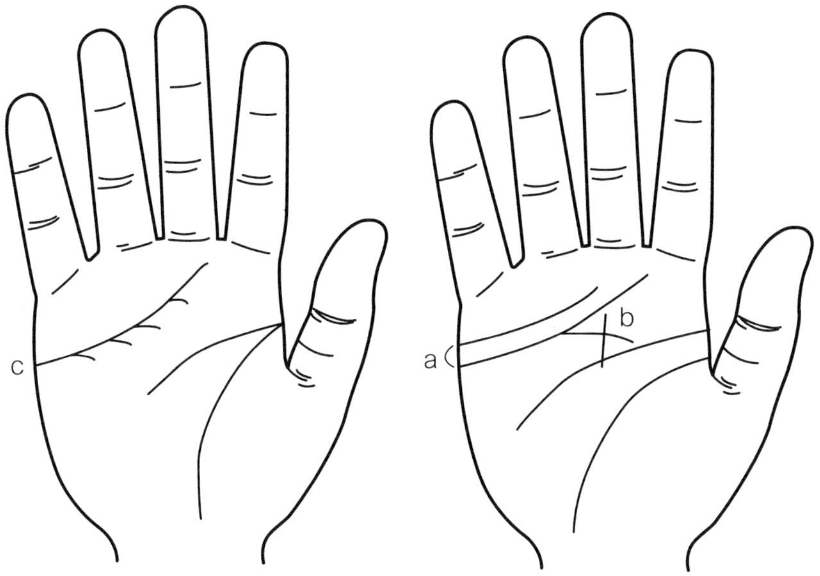

感情線的其他情況

1 感情線成雙（a）：心臟力量強，容易有兩重親屬，例如兩重父母、兩重婚姻、兩重兒女等。可以契認誼父母、子女化解，並宜遲婚。

2 神秘十字（b）：下垂的支線在掌中心形成十字形，會因為親人的不幸遭遇而引發起對宗教、玄學、心理學的研究。

3 下垂支線（c）：小支線沿感情線向下分支，代表感性與理性相爭，處事容易被感情、人事所困擾，性格亦較悲觀。要留意下垂紋的數目，明顯的小紋線乃一線代表一件事的發生。

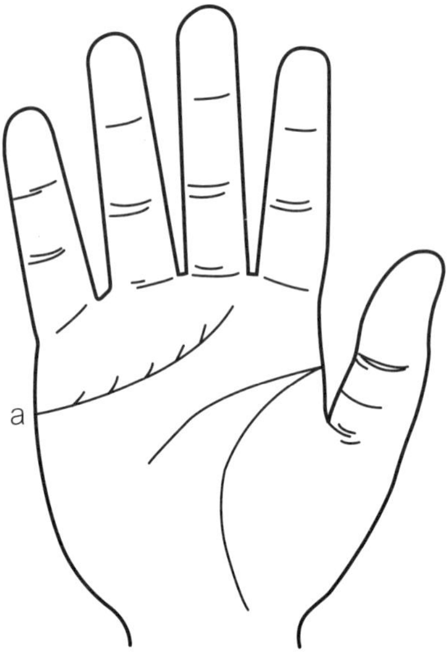

社交能手

4 上昇支線（a）：感情線有小支線向上昇，代表社交能力很強，善於表達自己的情感，所以適合從事公關推廣、演藝等要表達及與溝通有關的工作。

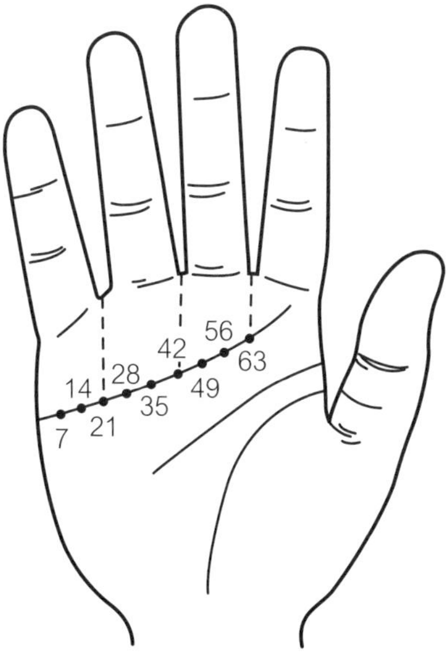

感情線的流年歲數

自尾指下一邊為零歲，至食指下為老年，以七歲為一段。

1 小指與無名指下是二十一歲。

2 無名指與中指下是四十二歲。

3 中指與食指下是六十三歲。

第四章

命運線

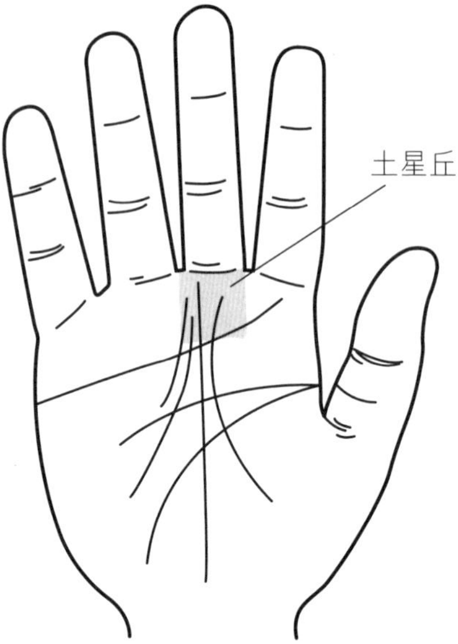

命運線（又稱事業線）

凡生向中指的直線，便是命運線。命運線是手中十分重要的線，指示着人生重要的事情。

但命運線並不單指事業，例如很多不用上班的家庭主婦都有明顯的事業線。故此這線亦可反映一生之中的重要大事，例如轉業、結婚、成名、得權、失業等事項。

沒有事業線，並不代表沒有財富，只是代表兩個極端：其一是真正失業，沒有工作；其二是十分富有，不用去找固定的工作，有者也是下午才上班，或者一星期只工作一兩天而已。

要了解事業線的真正底蘊，必須要配合頭腦線、成功線一起看。

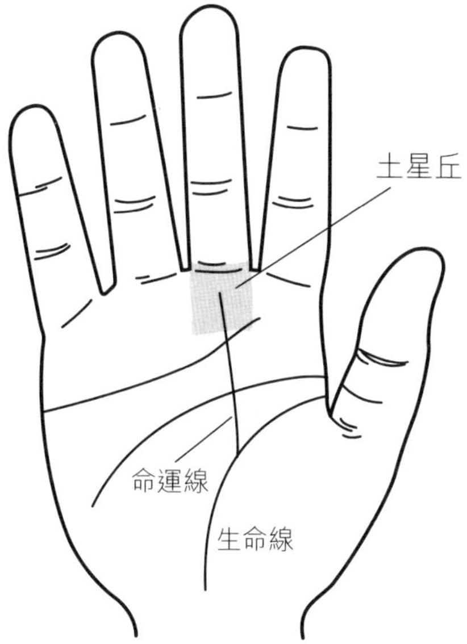

命運線的起點

命運線除了叫事業線，又叫宿命線，原因是它的生長方向，是朝着土星丘*進發與結束。要知道土星丘是代表孤獨、沉鬱、宿命，所以事業線不宜太長，不宜太深，就是這個緣故。

研究命運線，先要研究它的起點，因為不同的起點都有着不同的特徵，區分下列四種：

一 命運線自生命線上昇

此紋顯示着可憑自己的努力爭取成功。

雖然在年輕時經常被父母安排自己不喜愛的生活方式，或學校，或工作，但如果其他掌紋配合得好，將可以衝破困局，達致成功。

* 掌丘詳見第八章

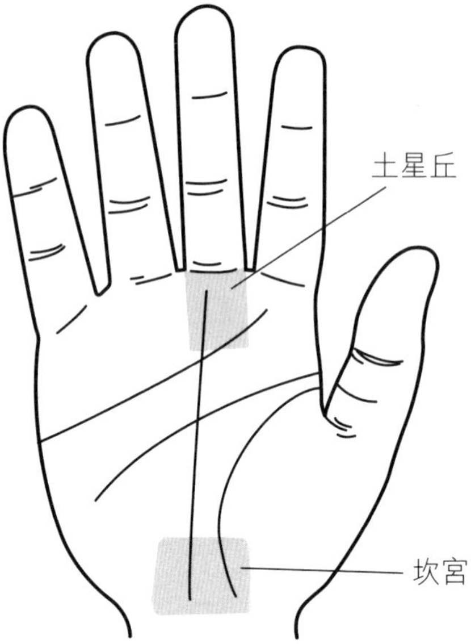

生活刻板，好壞極端。

二　命運線由坎宮出發

由掌底(坎宮)生出的命運線，直上土星丘*，而沒有成功線或支線出現。

這表示一生會被環境所束縛，難以有改變，生活刻板但有規律。

如果能配合有好的成功線，而頭腦線清晰，則一生會從事一種工作，或在同一機構工作，按部就班，平步青雲，繼而得大成功。

* 掌丘詳見第八章

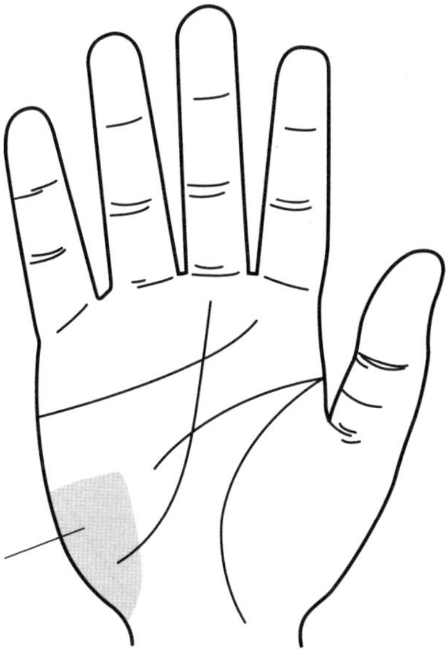

工作變化多，亦須防情變。

三 命運線由太陰丘上昇

受太陰丘*影響，主變動不定的命運。

其人最利於從事多變化或出外的工作，而在工作之餘，也很容易結識一些用情不專的情人。

此外，那些工作不定時或要加時工作的人士，亦多數有這種事業線。

* 掌丘詳見第八章

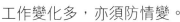

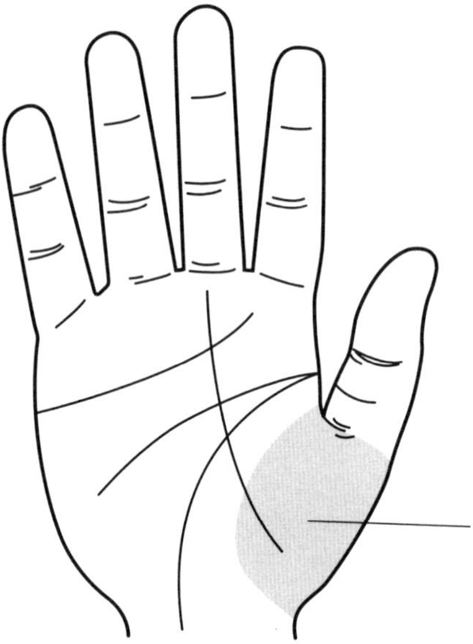

金星主多情，感情有阻滯。

四 命運線由金星丘上昇

受金星丘*多情之影響，形成此人極愛浪漫，每每當遇到一些浪漫醉人的情境下，便很容易發生單戀，或愛上已婚之人，或暗戀不能結婚的對象，繼而發生不正常的戀情。

如果感情線及婚姻線生得好，這類型的人，極有可能是成為了已婚人士的愛人朋友，但是可以得到精神及物質方面的慰藉。

如果感情線及婚姻線生長不好，這類型人士，大多數在感情生活方面，會得不到滿足而抱怨。

* 掌丘詳見第八章

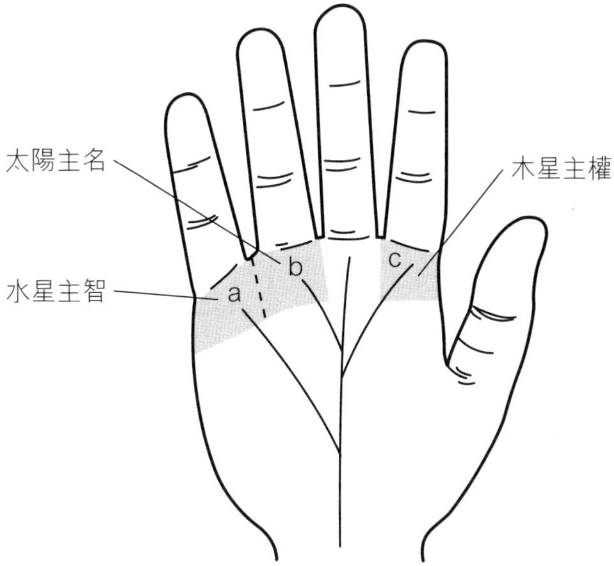

人生有幸運，成功看歲數。

前程錦鏽

命運線上的上昇支線，全部代表幸運，只要看支線向上生的命運線位置及方向，便能得知開始成功的歲數*及方向。

這種命運線可區分下列數種：

1 生向小指（a）：表示在科學或商業方面會成功。

2 生向無名指（b）：表示藝術方面有成就，亦會有好名譽。

3 生向食指（c）：表示得到權位，有支配他人的力量。

*事業線流年圖詳見第一〇二頁

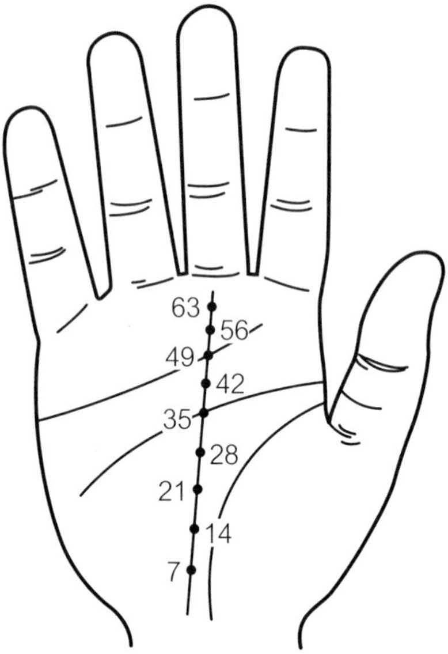

命運線的歲數

由下往上看，分七數為一段，在命運線與頭腦線相交點是大約三十五歲，命運線與感情線相交點大約四十九歲。亦可以用三份平均分法，則為少年、中年和晚年。

命運線的流年歲數，可以跟其他紋線的流年歲數配合分析，舉例如下：

命運線在三十歲的位置斷開，除了知道此人的事業於該年有變化，也可看看其他紋線在三十歲的地方，是否也同樣出了問題？

若感情線在三十歲也有問題，是代表該問題與感情人事有關聯，則可以推測為此人在三十歲時，因為人事感情出問題，而導致事業出現低潮，繼而失業。

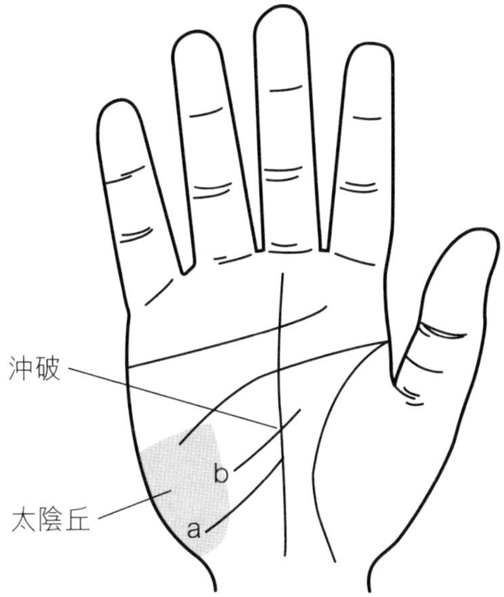

異性貴人，發外地貴。

貴人得力

從太陰丘上的支線生向或觸及命運線（a），表示兩重意義。

1 有異性貴人的助力，即男人會得女性貴人，女人會得男性貴人的幫助。

2 有外地人的幫忙，所以具有此線的人，最適宜是在外資公司，或在外地工作。

但是如果此線沖破命運線（b），則吉變為凶，表示會常常被人利用，到最終更加被遺棄。

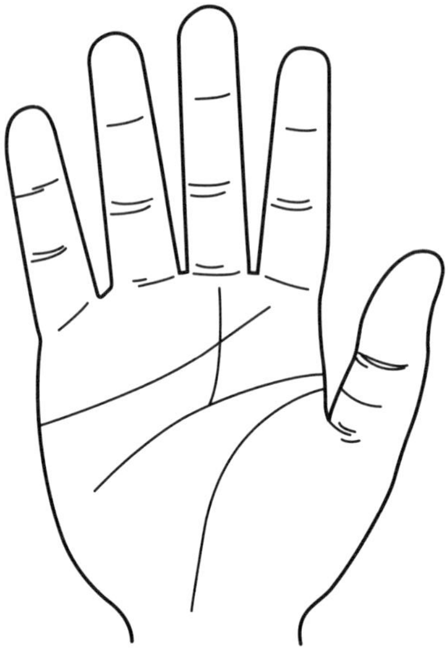

中年發揮智慧

中年發跡

命運線起自頭腦線，表示成功在於不斷運用努力，到中年起才開始有成。

這種情況，大約會出現在三十至三十五歲左右，當得到發展的機會，千萬不要錯失良機，上半生的努力，便絕不會白費。

受到頭腦線的良性影響，這種人可以藉着自己的智慧機靈而得到成功。

如果是橫生的頭腦線，在此時會發揮經商及投資管理的才華。

如果是下垂的頭腦線，在此時會發揮專業及藝術、公關的才華。

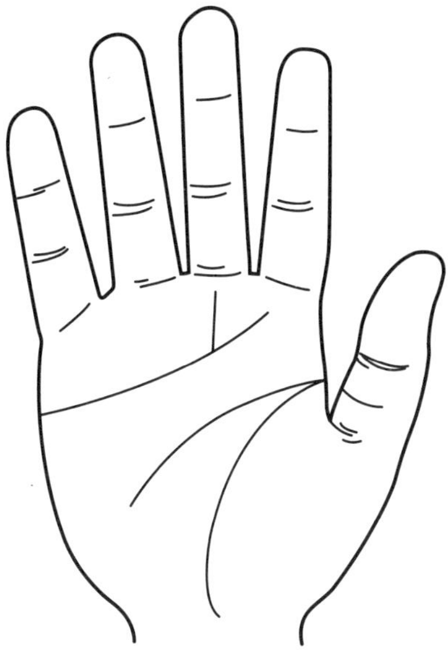

晚年發揮公關才華

晚年發跡

命運線起自感情線，表示成功在於良好的人際關係，但要到晚年才可以得到成功的果實。

這種情況，大約會在四十五至五十歲左右步入好運，可以謂大器晚成。

受到感情線的良性影響，這類人會得到貴人的幫助，有時候是朋友、有時候是愛人、有時候是長輩，總之是得到很多人的支持，而達到成功的目的。

如果在左手(先天手)出現，是代表因別人主動幫忙而成功；如果在右手(後天手)出現，是代表自己主動找人幫忙而成就。

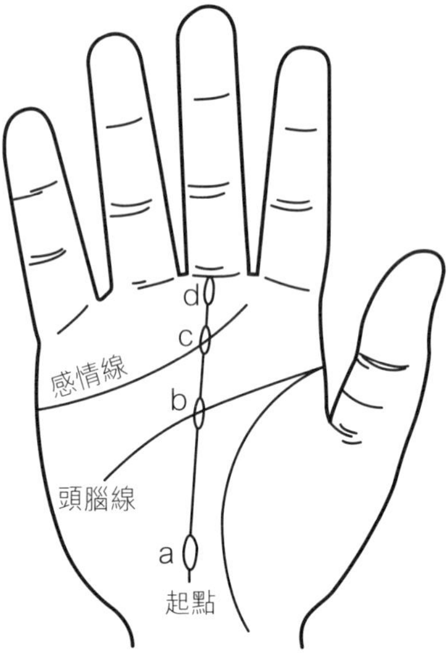

島紋主不利

命運線的島紋

1 命運線起點有島紋（a）：出生時家庭背景異常，例如單親、雙重父母、自己是私生子，或過繼之類。

2 命運線與頭腦線之間有島紋（b）：因自己判斷錯誤而招致事業失敗。

3 命運線與感情線之間有島紋（c）：主被人誘姦或欺騙感情。

4 命運線末端有島紋（d）：事業在晚期會遇到大阻滯。

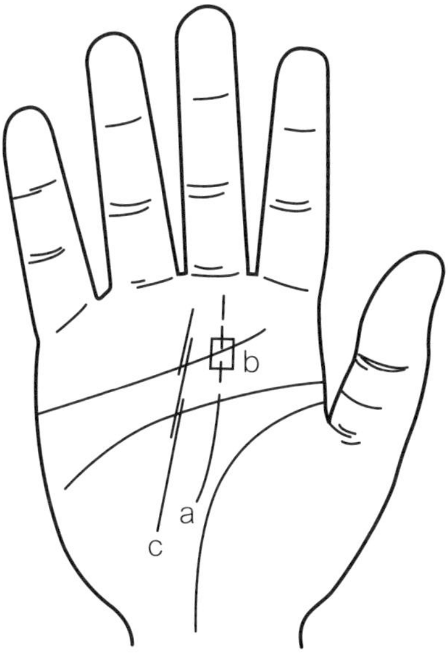

事業有變

1 斷開的命運線（a），在斷開位置所代表的歲數*會失業，或事業停頓不前。如有方格（b）可以絕處逢生。

2 斷而重疊的命運線（c），在斷開位置所代表的歲數會轉業或升職，但總是好的改變，亦即是步步高陞。

* 命運線流年圖詳見第一〇二頁

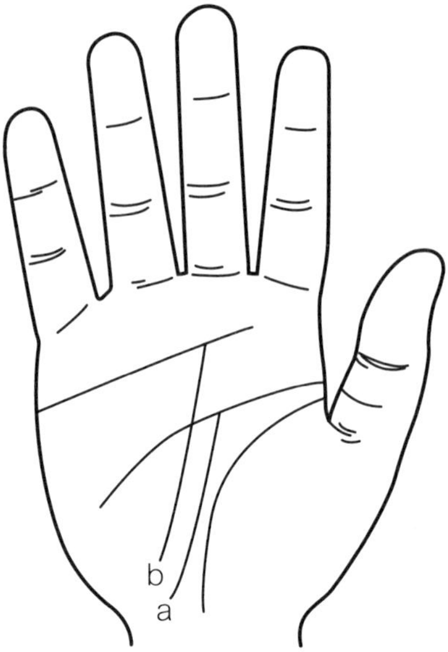

功虧一簣

1 命運線止於頭腦線（a）：表示因固執或錯誤判斷，而致使事業停頓。

2 命運線止於感情線（b）：表示因為感情或人事問題，而自毀前程，最終停業收場。

如果命運線止於頭腦線，可以多與別人商量計劃，不要獨斷獨行，尤其是在三十至三十五歲這一段時間，不要作重大的投資與決定，久而久之，命運線便可以將頭腦線衝過。

如果命運線止於感情線，要常常提醒自己切勿感情用事，工作的時候要公私分明，不可以用人唯親，尤其是在四十五至五十歲之間，不要作重大的投資及決定，久而久之，命運先便可以將感情線衝過。

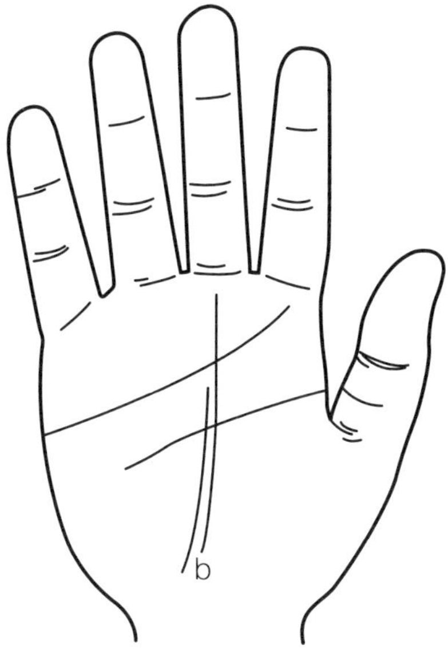

雙重命運線

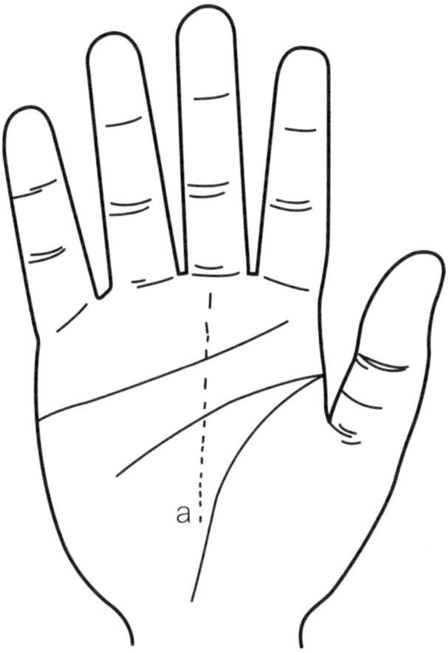

命運線極淺

命運線的深淺或缺無

1 命運線淺（a）：生活不受時間或工作所管束，但與貧富無關。

2 命運線深：生活刻板而有規律，但與貧富無關。

3 掌中無命運線：工作無時空界限，又或不用工作，但與貧富無關。

4 雙重命運線（b）：主有兩種事業，或兩種不同生活方式。

5 命運線必須要有成功線*的配合，才可發揮光芒，即使只是小小的成功線，也會發揮十分大的作用。

* 成功線詳見第五章

第五章

成功線

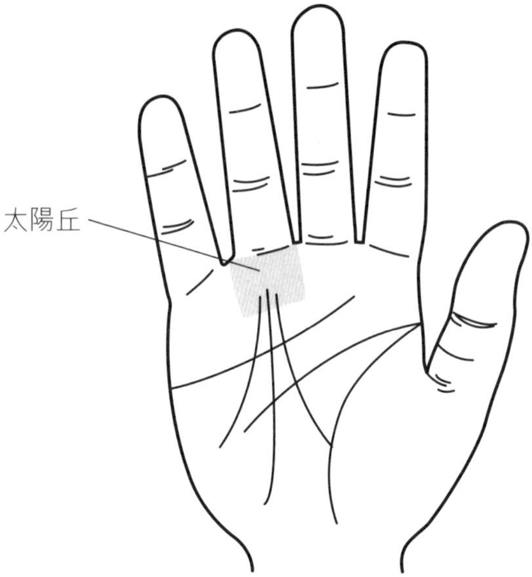

凡生向太陽丘均是成功線

成功線（又稱太陽線）

所有生向無名指底部的線，都是成功線。無名指又叫太陽指，無名指底部叫太陽丘*，代表光明、聲譽、名氣、光輝，所以稱為成功線。

成功線代表幸福與光輝、好運與名譽，沒有成功線，好像是沒有陽光照耀的樹木，無法開花結果。一般人看見手上有深刻筆直的事業線，就斷定此人有大成就，這是不正確的，因為若果沒有成功線的出現作配合，就只代表這種人只有過着刻板或暗淡的生活和從事呆板的工作，可見成功線的重要性。

即使事業線較貧弱，如果有良好的成功線，都會有成功的希望。

* 掌丘詳見第八章

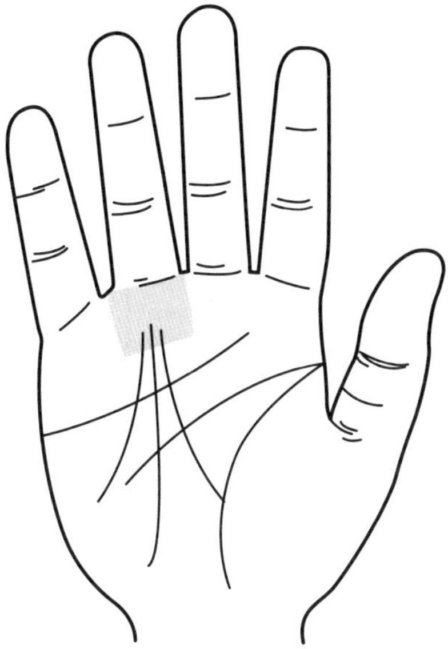

成功線表示財富與名譽

成功線清晰而明顯，是具有天生的魅力及影響別人的力量，容易受他人推舉，因而獲得財富與名譽。

太陽，在我們的太陽系中是最重要的，在西方的的占星學是代表君王、丈夫、名譽……在中國的術數叫做「月將」，是六壬神數的主宰；在八字命理叫做「月令」，是分析五行的最重要關注的地方。

左手(先天手)出現的成功線，有兩重意思：其一是代表自己先天便有成功成名的特質，有可能是父母的遺傳，這種情況在上半生已經表露無遺；其二是代表自己的丈夫或愛人將會得到成功，例如是丈夫、愛人事業成功，而安享夫福。

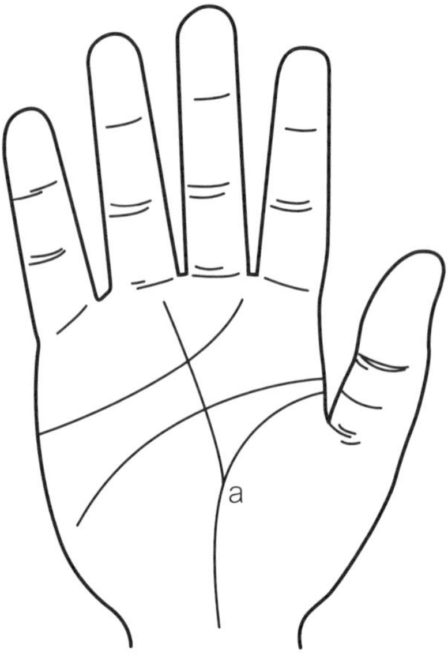

努力必有回報

論成功線的起點

一 成功線由生命線起

成功線由生命線起(a)，此種人可得名氣與成功，但必須親力親為才能達致，絕無僥倖。若能親力親為，則一定可以得到成功。

看生命線上成功線起點的歲數*，便能一清二楚。

故此，若要知道一生人中最高名譽的時期，必須配合生命線一起看。

* 生命線流年圖詳見第七十一頁

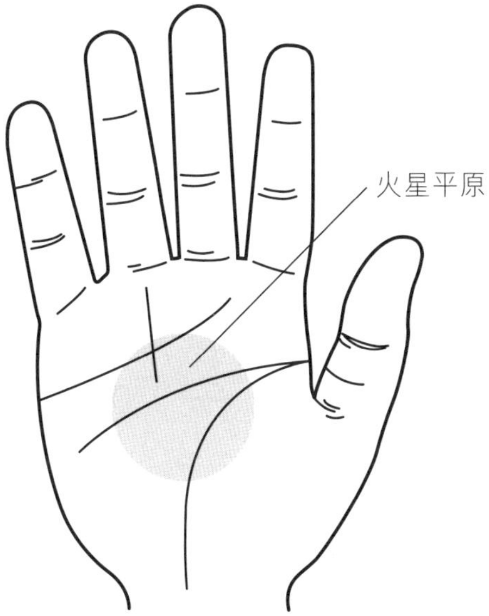

先苦後甜格

二 成功線由掌中間起

成功線由掌中間(火星平原*)起，代表經過極度困難，而後獲得成功。這種人必須要經歷千辛萬苦，只要不畏艱難，到最後必定成功。

這樣的成功線生長在左手(先天手)，代表自己會找到一個白手興家的愛人，很多時候是結婚之後，才漸漸地發跡。

這樣的成功線生長在右手(後天手)，是真正的白手興家，因為頭腦線從掌中心的火星平原出發，受到火星的鬥爭、不屈不撓的特性影響，其人性格會有着不成功不罷休的特質。

* 掌丘詳見第八章

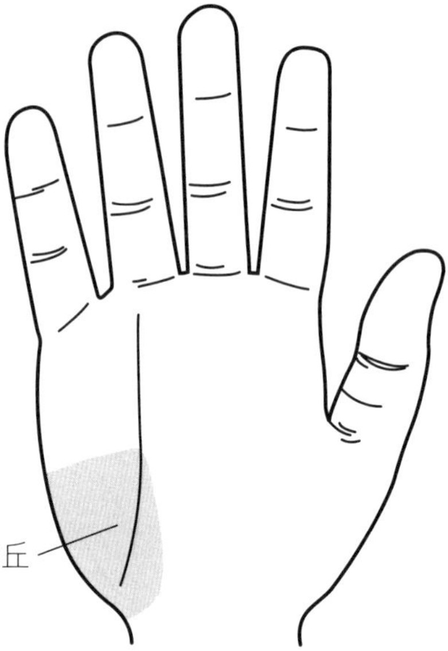

貴人多多，名利飄忽。

三 成功線由太陰丘起

成功線由太陰丘*起，代表受別人扶持而成功，但名氣財富得失不定，還需看其他方面的配合。

很多明星、藝術家或歌星均具這種成功線，大部分都是從事被社會推舉和認同的事業，而且有知名度。

這種人要有居安思危之心，因為名利非經常地可以自己掌握的。

* 掌丘詳見第八章

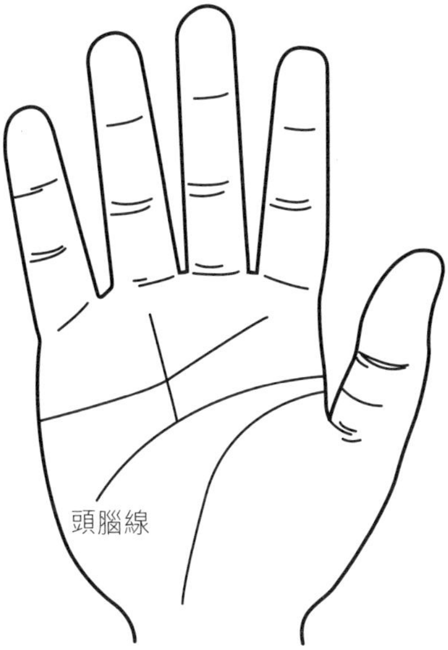

事業成功

四 成功線由頭腦線而起

成功線由頭腦線而起，代表先經智力或努力，而在中年後得成功，例如學者、作家、科學家等。

這種人只要自己肯用腦筋去解決問題，則必定得到成功。

有這種頭腦線的人，應該盡力發揮自己的專長，在自己的學習領域裏面不斷創新、不斷研究，終得以名成利就，甚至可以得到諾貝爾獎金。

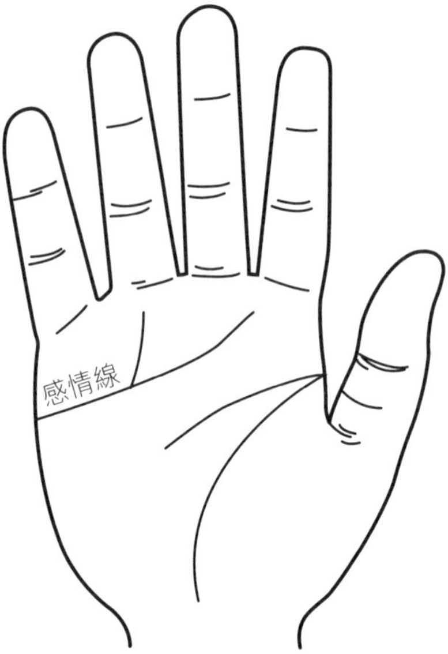

異性貴人

五 成功線由感情線起

成功線由感情線起，婚後或因情人而帶來財富成功，尤其是在晚年時期。

這種人最適合與配偶或情人一起共創事業，或從事一些與異性有關的行業，或與美容、設計、藝術有關連的事業，則必定有成功之希望。

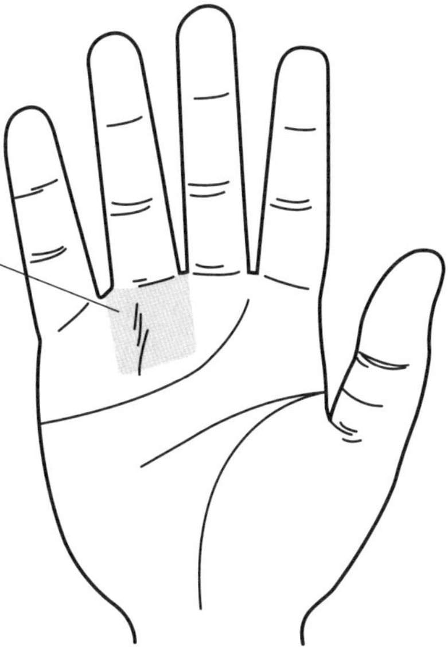

名氣遲來

六 短小的成功線

短小的成功線表示只有在太陽丘*內出現的短小紋線，而無觸及其他主線的成功線，是代表幸福只在晚年，影響力是相對減至很小。

擁有這種成功線的人，如果能夠不斷地鞭策自己學習新的事物，努力向上，破碎的成功線會漸漸生長，最後連成一起，而改變自己的命運。

我們亦可以多運動我們的無名指，令到太陽丘豐滿一些，以加強成功線的力量。

* 掌丘詳見第八章

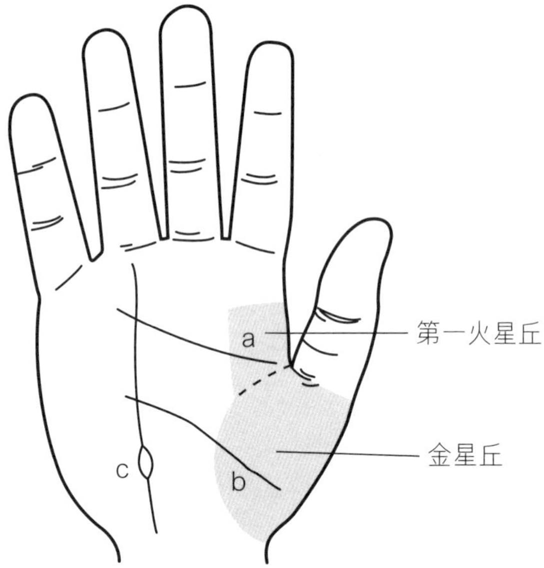

成功有阻力

成助線的阻力線

成助線如果出現阻力線，代表出現了以下的情況：

1 同性小人（a）：阻力線由第一火星丘穿破成功線，代表有同性的小人嫉妒及干涉。

2 異性小人（b）：阻力線由金星丘穿破成功線，代表有異性小人的嫉妒及干涉，必須提防。

3 名聲受損（c）：成功線上的島紋，表示名譽與地位均受到破壞，看島紋的位置所屬流年*，便知道於何時名譽受損。

* 成功線流年圖詳見第一一三頁

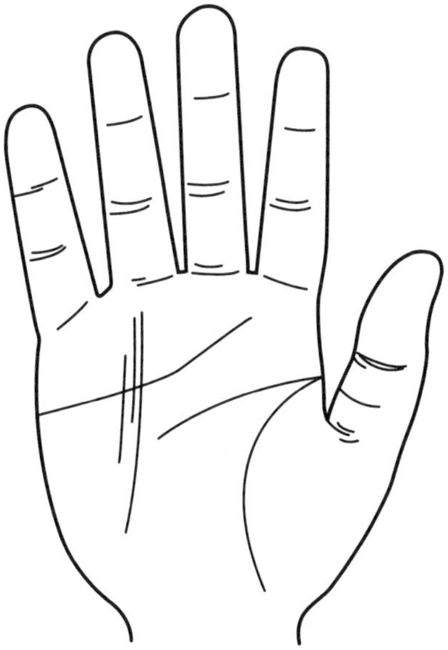

紋多則心雜

多重的成功線

有兩條或三條成功線，平行地向上生長，表示人生之中會有兩至三種事業可以成功。

但要是這些成功線是零碎而不平行，則代表理想太多太雜亂，反而使成功受到障礙。

所謂「百藝不如一藝精」，這種人應該培養專注、集中精神，並以學得一技之長為佳。

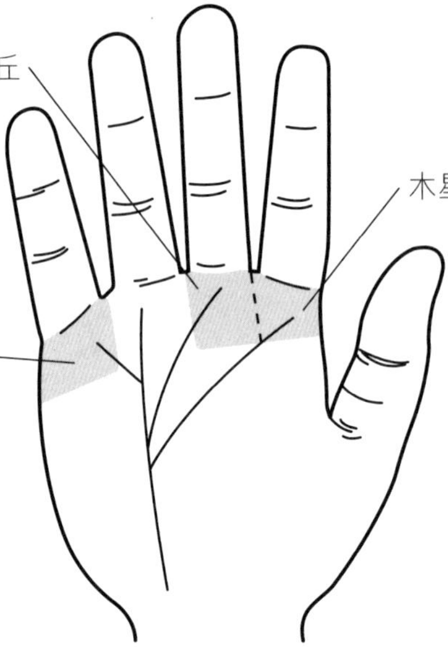

名成利就

凡成功線有開叉向上的紋均大吉大利，如生向中指下的土星丘*，是事業上有名氣，且名利雙收。

如生向食指下的木星丘，便能得權力又得名氣，且名利雙收。

如生向尾指下的水星丘，是因智慧而能達致名利雙收。

* 掌丘詳見第八章

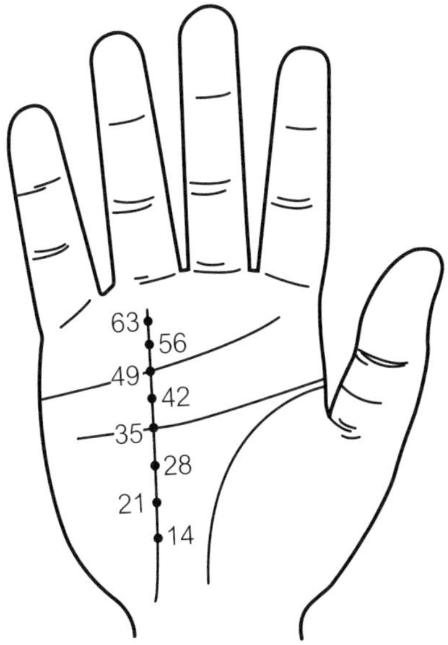

成功線的歲數流年

成功線的流年，與事業線一樣，由下向上昇，以七數為一小段，手中間大約是三十五歲。看到其中哪一段有斷開、小橫紋、十字紋，均代表該段年歲不利。

若有星紋、方格紋，則可以逢凶化吉，名氣財富能更進一步地上昇。

第六章

婚姻紋

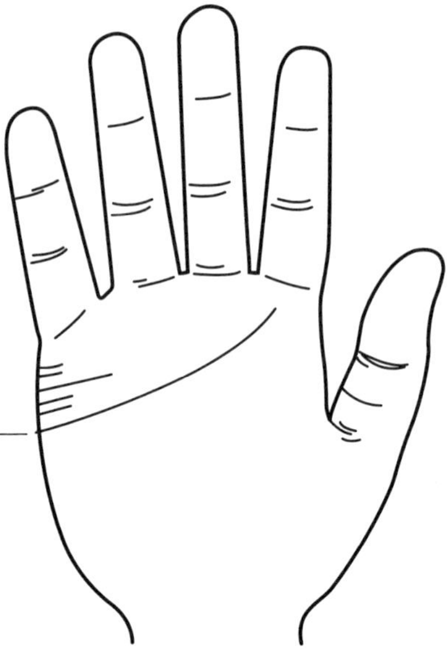

長是婚姻紋，短是戀愛紋。

婚姻紋

在小指下方，感情線上方的橫短線，是為婚姻紋。大部分婚姻紋是短小的，亦有一些會長達掌中間，但比例不多。

除卻父母、兄弟姐妹近親以外，但凡結識異性朋友，或因而發生的感情與結果，都受這線所影響，包括戀愛、暗戀及婚姻。

太短小的婚姻紋，只代表暗戀與拍拖，不代表婚姻。若果在這種短小的婚姻紋所代表的歲數結婚，則這段婚姻只能維持一段短時期。

不論男女，左手婚姻紋是代表配偶，右手婚姻紋是代表自己。例如右手紋深，左手紋淺，則代表自己愛對方多於對方愛自己。

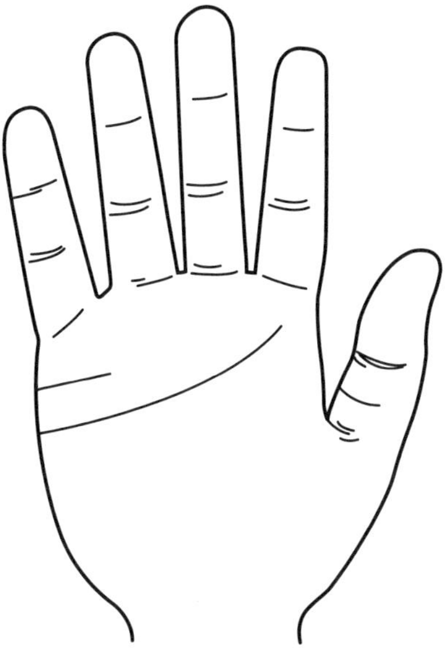

感情線良好，婚姻生活滿足。

如果右手紋開叉，則代表自己主動與配偶聚少離多或者主動離婚等，其餘一例照推。

有些人的婚姻紋很淺，但並不代表沒有婚姻，很多時更會有幸福的婚姻。有些人的婚姻紋很深，但婚姻不一定幸福，也有一些是獨身者。

同性戀人士，他們也會有很深刻的婚姻紋，亦都有機會找到很好的伴侶。

婚姻紋很多時反映婚姻的形態，至於感情生活是否滿足，就必須要參考感情線的情況。

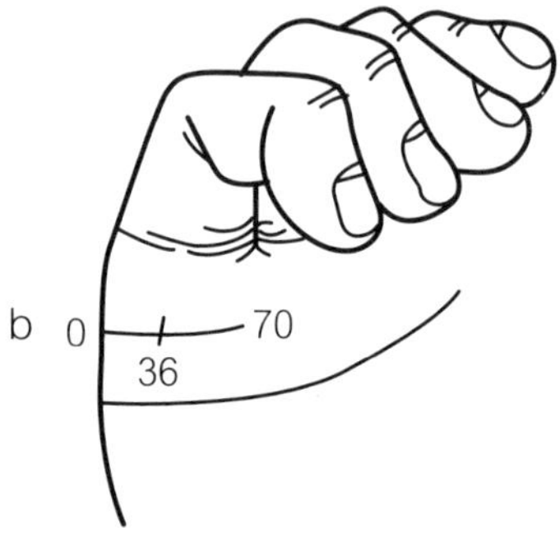

看一段姻緣的始與終

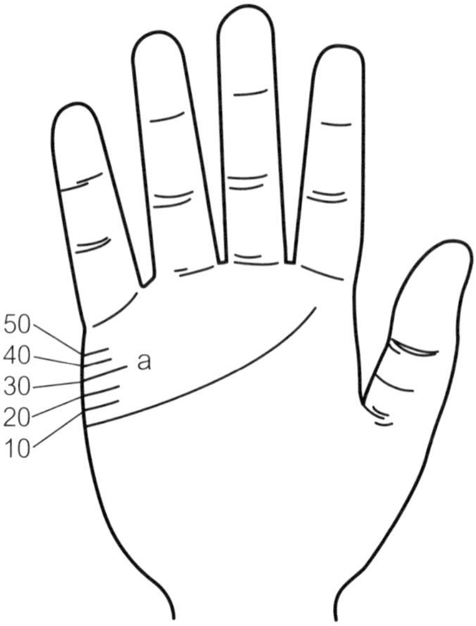

看何時有感情事

婚姻紋的歲數流年

若有明確的婚姻紋出現在接近感情線的位置，是表示早婚。

以十為一段，中間大約是三十歲，以最長的一條(a)定為結婚的時期。

再用橫看的方法(b)，可以看到這婚姻運的開始、過程與結果。以近手背一邊為零歲開始，線中間是大約三十六歲，線尾大約是七十歲左右。

看其中哪一個位置有不良符號如島紋、開叉、細線，便知在哪個歲數時婚姻出現問題。

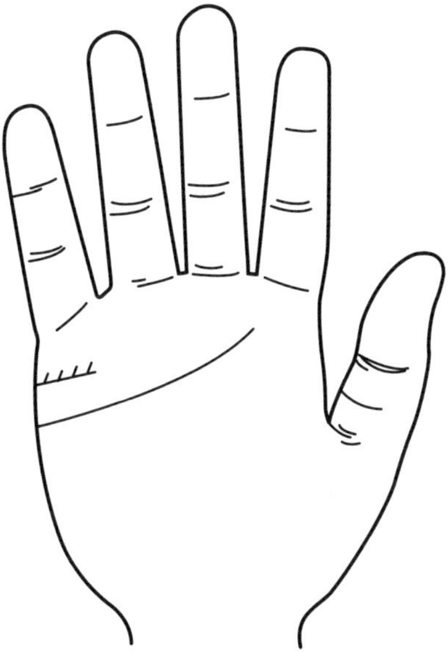

婚後有幸福

幸福婚姻

明顯而實在的婚姻紋，是代表穩定的婚姻生活。

如果線的上方斜生着許多支線，則代表婚後得到精神及物質上的滿足。

有這種婚姻紋的人應該爭取盡量早一點結婚，而每一條支線代表婚姻之後的每一件喜事，例如丈夫或愛人發跡、在個人名譽上有增加、在社會上擁有名聲、或者因為子女兒孫而成就慶典。

唯要注意支線太長可能是開义的婚姻紋，而不是小支線。

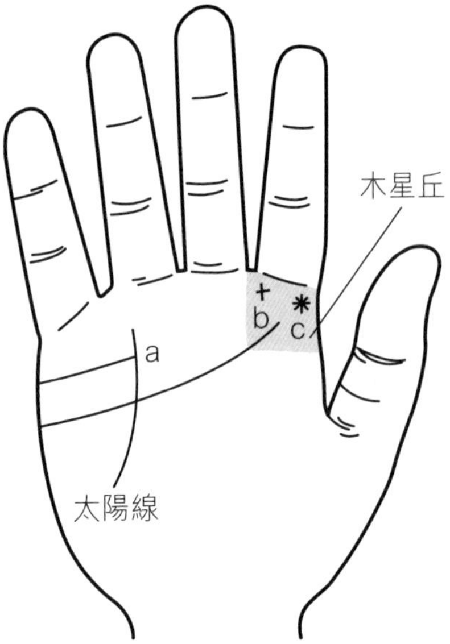

嫁有錢人，娶富貴妻。

嫁有錢人

若掌中出現以下的紋，能得富貴配偶。

1 婚姻紋與太陽線接觸（a），代表會和非常有名氣或富豪之人結婚。

2 木星丘*上有十字紋（b），表示幸福美滿的婚姻運。

3 木星丘上有星形紋（c），則表示因婚姻而得到名譽地位，更勝於十字形紋。

* 掌丘詳見第八章

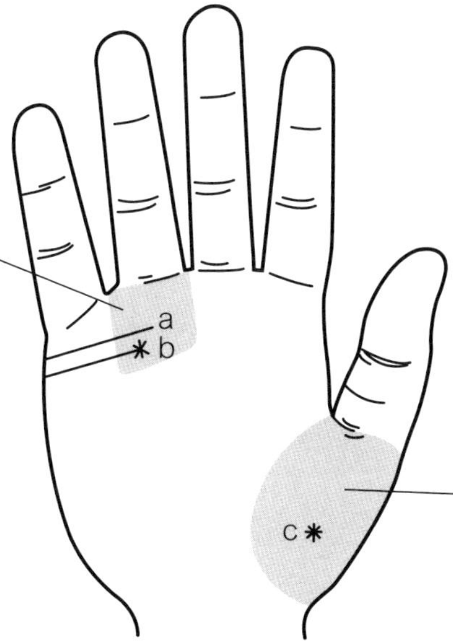

婚姻幸福紋

名人配偶

若掌中出現以下的紋，代表婚姻幸福，名利可得。

1 婚姻紋生至太陽丘*（a），因得到太陽丘的正面影響，亦是可以和著名人士或富貴之人結婚。

2 婚姻紋生至太陽丘，而末端有星形紋（b），亦是和非常著名及富貴中人結婚。

3 金星丘上有星形紋（c），亦表示愛情甜蜜，婚姻生活充滿幸福與美滿。

* 掌丘詳見第八章

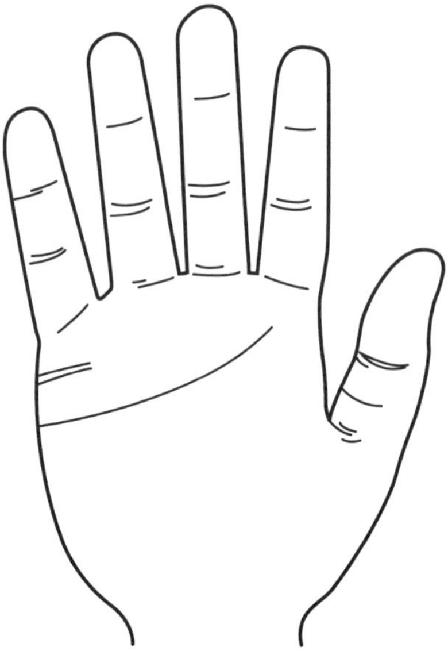

三角戀愛，難分難解。

三角戀愛

若有雙重婚姻紋，慎防因三角關係，影響與伴侶的感情。

1 雙重婚姻紋若出現的位置十分接近，平行而生，代表同時間同程度的愛上兩個異性，亦即三角戀愛。

2 一紋深，一紋淺，則代表三角關係中有所偏心，或感情有深淺的分別。

3 兩紋長，則這種感情狀態會維持長時間；兩紋短，則這種感情的狀態維持時間會短。在古時候這種情況是雙妻命。

招惹桃花

婚姻紋上的細線，代表婚後惹桃花，而惹桃花的歲數，看細紋所在位置，便知犯桃花的時間。

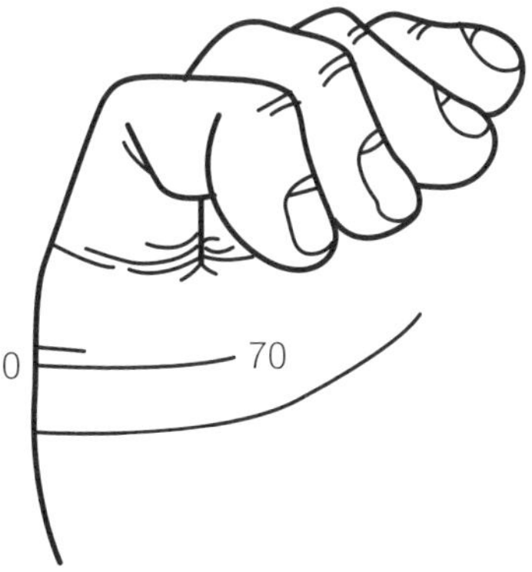

早年惹桃花

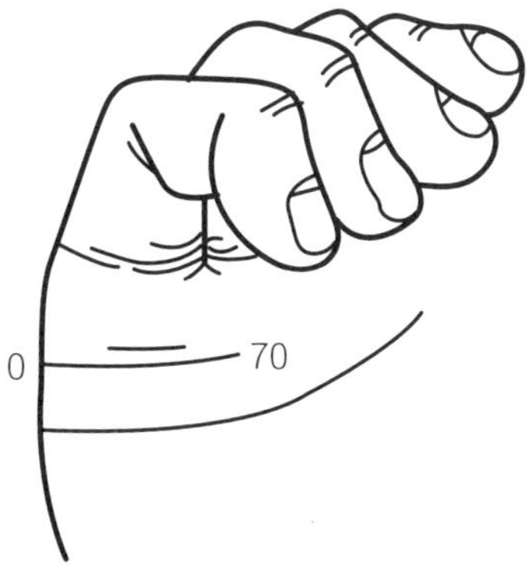

中年惹桃花

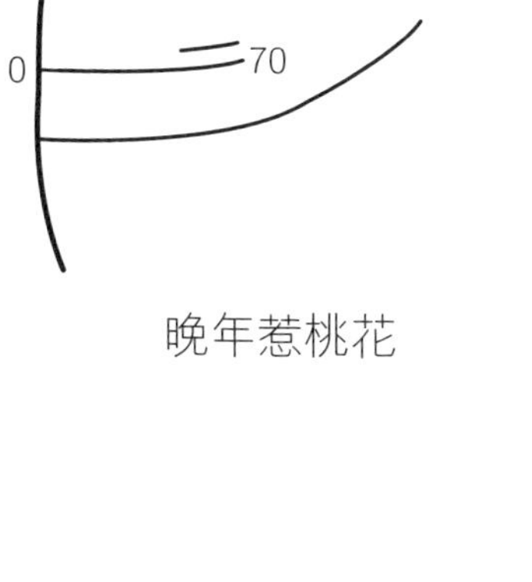

晚年惹桃花

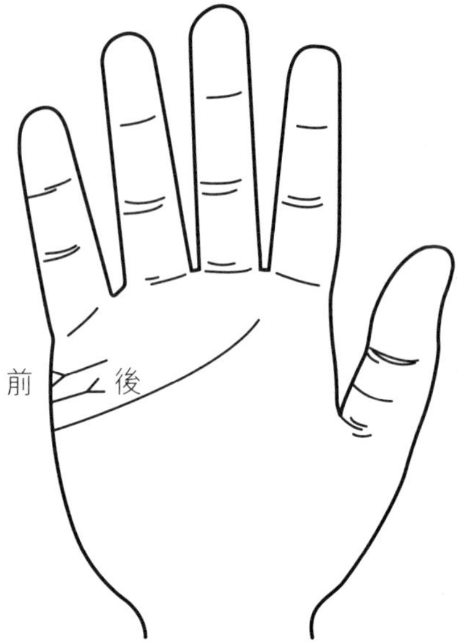

婚姻有是非，叉大主離異。

聚少離多

婚姻紋開叉，在起點那一端，主初相識時是非阻力較多。叉在後則代表婚後或結識後期是非多。若叉紋大則主離異。

開叉的婚姻紋雖主離異，但如果兩夫妻可以聚少離多，則可以化解，例如配偶要輪班工作，或者要往外地工作，又或因疾病而長久分居，則可以減凶。

若有開叉的婚姻紋，則配偶要以雙方的年齡或個性有較大的差距為合，亦適合配異地情緣，嫁到遠方。

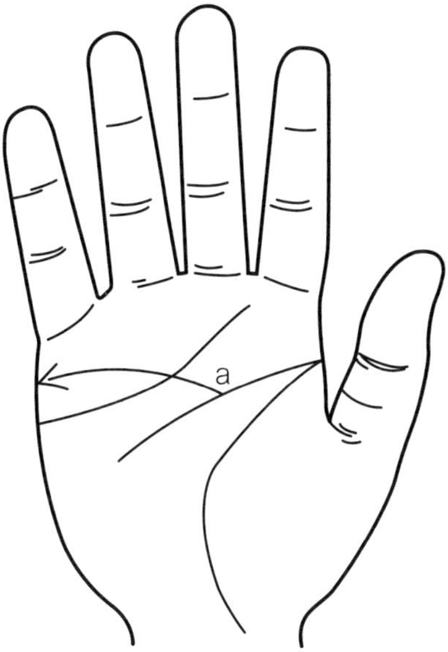

各持己見

意見相左

開叉的紋若再多生一紋下垂至頭腦線（a），則表示夫婦之間，因為意見不合，發生紛爭，而致離異。

這種情況是頭腦線被婚姻線所破壞，故即使平常在處理工作及事業上，有很高的智慧，但在處理婚姻生活方面，卻會有很多不協調的地方。

有這種掌紋的人，在感情、婚姻的問題上，不要用自己個人的判斷去處理，必須要多參考其他人的意見。

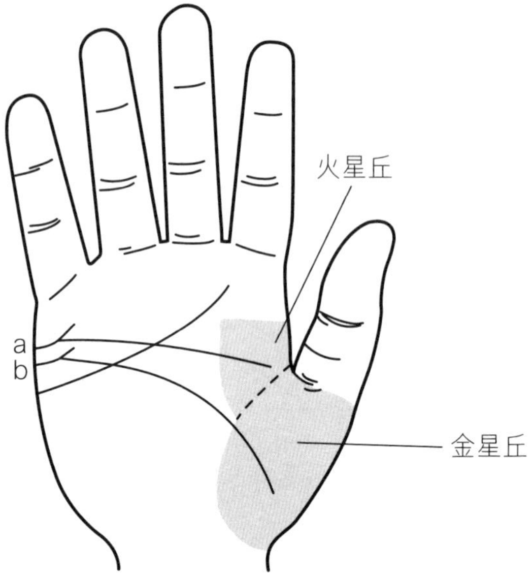

官司離婚

1 婚姻紋開叉再延生至火星丘*（a），主因感情而引起官司是非、爭鬥。

2 婚姻紋開叉而下垂至金星丘（b），則因第三者而致離婚。

火星丘在占星學代表發怒、急躁、官刑，若在左手是對方先發起官司事；在右手是自己先發起官司事。

金星丘在占星學是代表愛情、浪漫、桃花、感性。若在左手則是伴侶惹上桃花運；若在右手則是自已惹上桃花運。

* 掌丘詳見第八章

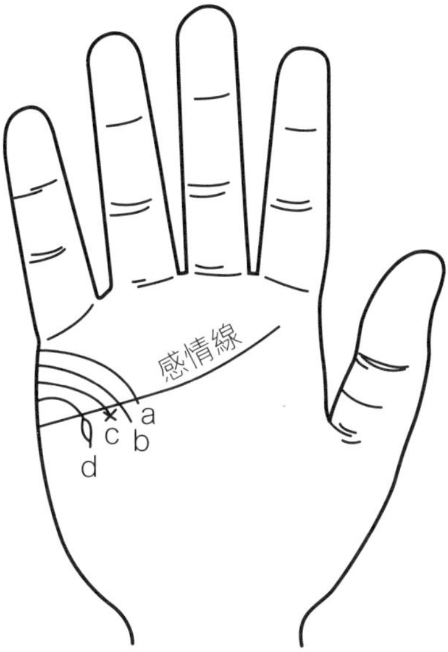

生離死別事

配偶災病

1 婚姻紋下垂至接觸感情線（a），表示配偶先於自己過世。

2 若婚姻紋穿過感情線（b），則代表夫妻之間會因災難、意外而過身。

3 婚姻線尾下垂更有十字紋（c），則代表配偶有災難或患急病而突然死亡。

4 婚姻線尾下垂有島紋（d），表示配偶因疾病而終。

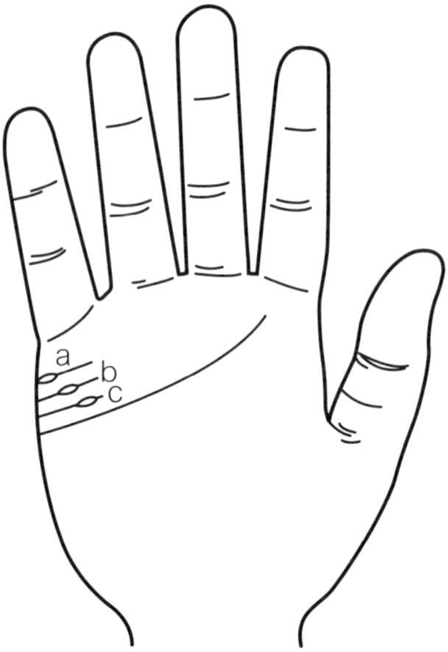

島紋主疾病、糾纏不清事。

疾病是非

婚姻紋有島紋，主要代表因是非、疾病而引起問題，重點要看島紋在哪裏。

1 島紋在開始位置(a)，代表婚姻延期。

2 島紋在中間位置(b)，代表婚姻中途有變。

3 島紋在最後位置(c)，代表婚姻後期有不合。若婚姻紋斷裂，亦主有生離死別之事。如果一對手的婚姻紋都斷開，則是連自己都有健康問題。

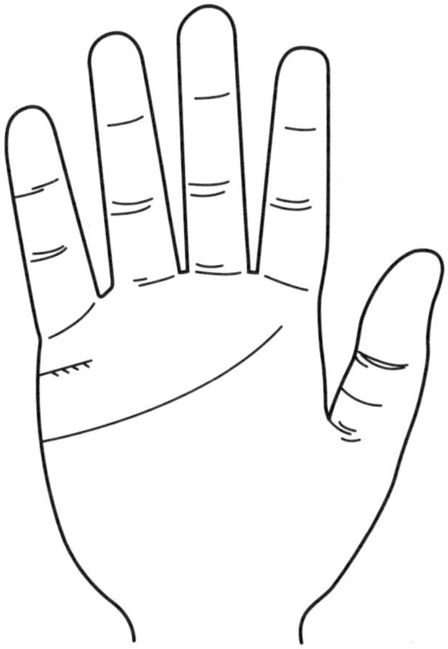

婚後阻滯多

配偶病弱

婚姻紋下有許多下垂的支線，是表示因為配偶病弱、失業或者遭受阻力。

下垂線愈多則阻力愈多，一紋代表一件事的發生。

但凡有這種紋線的人，要多加關注愛人的狀況，不論是工作方面、健康方面、情緒方面……等等必先要找出問題所在，然後才可以對症下藥。

此外，亦應該同時參考一下伴侶的掌紋，便容易找到問題出現在什麼地方了。

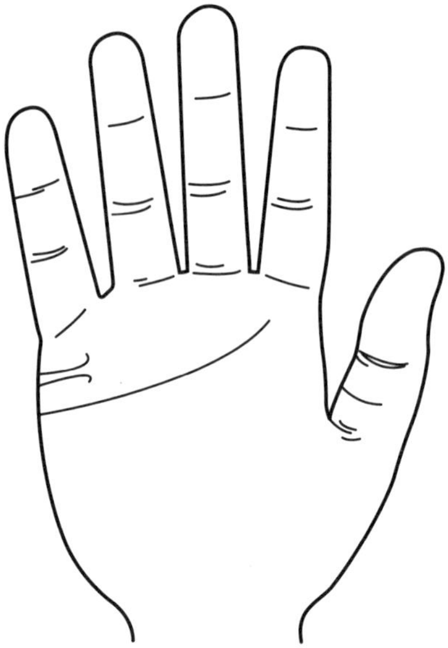

勾紋主獨身

獨身主義

婚姻紋向上勾或下勾，則有獨身而不結婚的傾向。

有時候即使有明顯的婚姻紋，亦會出現不結婚的情況，這是由於感情線出現問題的緣故，而致只是有同居、單戀的現象發生。

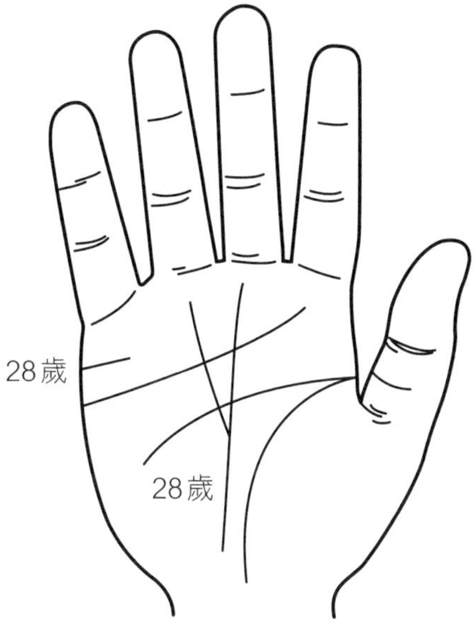

美滿姻緣

美滿姻緣

在婚姻紋出現的歲數，如果在同一歲數的事業線上有上昇線或成功線，則代表有物質上、金錢上的得益，開始幸福的婚姻生活。

掌中的每一條紋線，雖然是各有不同的代表性，但是每每有相關聯的時候，所以在判斷任何一件吉凶重要事情，都應該在其他紋路上有相同的表徵，全盤活看，則更具準確性。

第七章

掌紋雜類

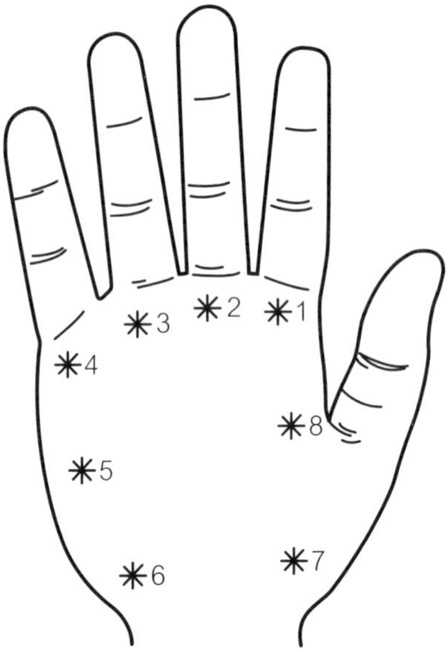

掌丘上的星紋各有不同意義

星紋

星紋是幸福與幸運的象徵，在不同掌丘出現就有不同意義。

1 木星丘：代表名譽、權力、地位增強。

2 土星丘：唯一一個不利的星紋，即使有名氣也會有凶象，一生之中有可怕的災難性結果，但卻成為人們的話題，例如王妃戴安娜遇意外身故事件等。

3 太陽丘：表示有財產、幸運、名氣、光輝，但必須是由面對公眾的生活而得到，例如藝人、政治家、教授等均是。

4 水星丘：得到商業或專業學術、科學上的成功，可依靠口才而得到名聲。

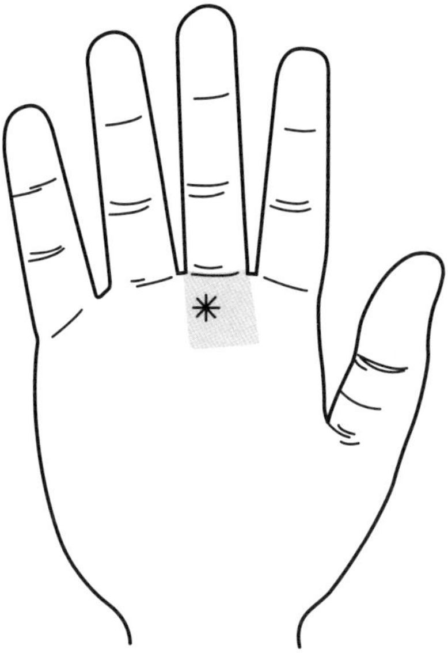

凡星紋均好，土星丘除外。

5 第二火星丘：依靠堅忍耐性與不怕艱難困苦，而得到成功與名聲。

6 太陰丘：利用想像力或發明能力，而得到成功，例如作家、藝術家、發明家等均是。

7 金星丘：依靠魅力和個人風格而成功，如藝人、表演者、公眾人物，但有時會帶有色情與風情成分。

8 第一火星丘：在軍政界或紀律部隊中得成就、聲譽。

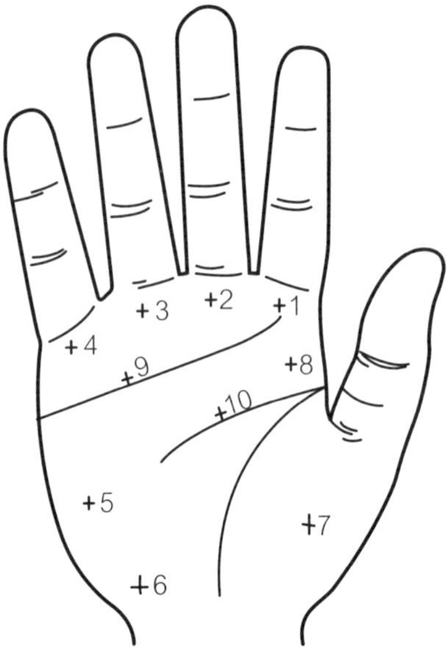

十字紋

在任何丘有十字紋均代表不吉，只有在木星丘出現的十字紋才是吉利。

1 木星丘：一生之中有美滿的愛情與婚姻，男得好妻，女得好夫。

2 土星丘：代表因災難或頑疾而亡。

3 太陽丘：代表財富與財產上有失意事。

4 水星丘：代表口舌生災，並需提防水險。

5 第二火星丘：受到激烈的對抗，而致不利。

6 太陰丘：因妄想症而引致壞運臨身。

7 金星丘：因愛情或婚姻引致壞運，即是桃花劫。

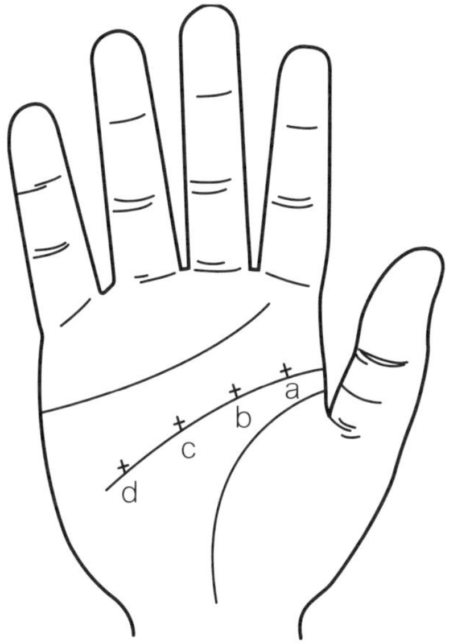

8 第一火星丘：代表有暴力傾向，因爭論而惹上凶禍。

9 感情線：感情線上有十字，代表情侶或配偶的暴亡。

10 頭腦線：頭腦線上的十字，將會有頭部受傷。頭腦線上的十字紋，要看出現在頭腦線的哪一個位置，如果在食指下方（a），代表頭部是因為打架或意外而受傷。如果在中指下（b），代表頭部是受高空或外來物件所傷。如果在無名指下（c），代表會受到動物襲擊所傷。如果在小指下（d），代表頭部是受化學物品所傷。

只要我們保持良好心情，多運動鍛鍊身體，久而久之，十字紋其中一條紋會變長，這樣就變成不是十字紋，完全可以將惡運化解。

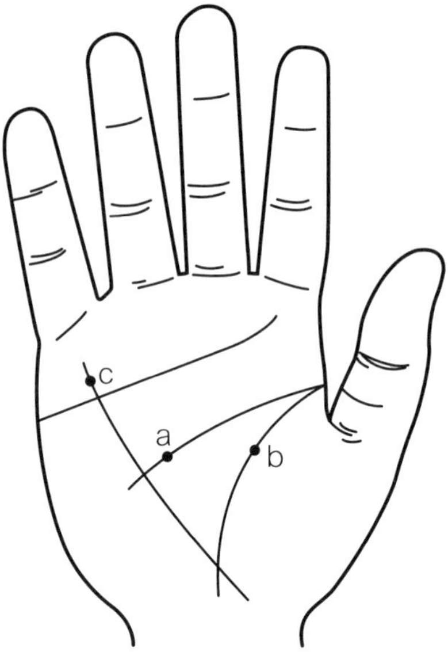

污點

凡有污點的地方，不論是丘或是紋線，都是不吉利，但有時污點會變淺色，則問題又可以回復正常。

1 污點如在頭腦線（a），則表示腦筋、智力有一段時間受到傷害或障礙。

2 污點在生命線上（b），則代表有急病發生。

3 污點在健康線上（c），則代表有疾病發生。

其他線紋則照此類推。

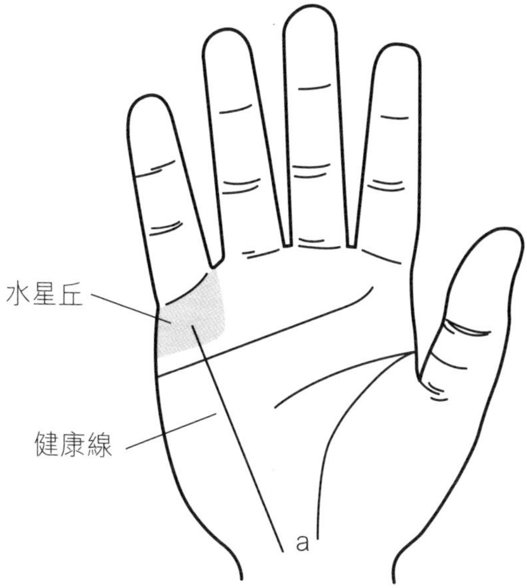

健康線

凡生向水星丘，即小指方向的紋線，都稱為健康線。

健康線並非主流的紋線，很多人手上都看不見健康線，則反而有良好身體；相反，當健康線出現，便要留心身體是否出現毛病。

這條線是與神經系統有關的，如果一個人過度用腦，這條線便會漸漸變深，形成凶兆。

完全沒有健康線的人，身體健康及神經組織都很健康。有些人有很深的健康線，但等到身體和健康回復正常後，這條線就會變淡而最終消失。

1 健康線與生命線分開（a），則對身體危害不大。

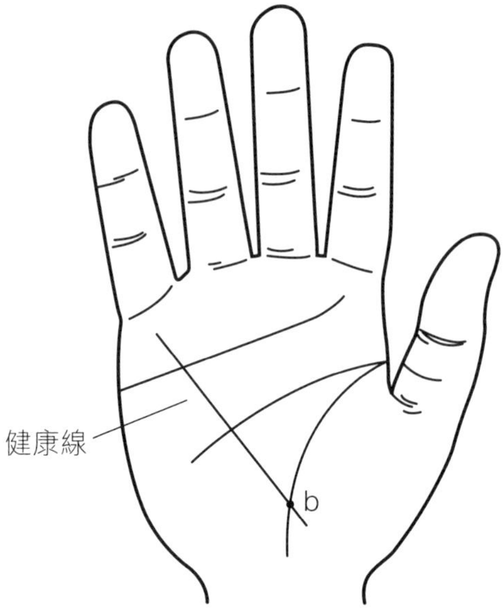

大凶之年

2 健康線與生命線交叉，則表示疾病已經萌芽，並要當心交叉位置所代表的歲數*（b），往往是非常危險的流年。

當手上出現這種紋理的組合，必須多鍛鍊身體，參考醫生的意見，並保持心境開朗及良好的生活態度。

久而久之，良好的身心態度會令健康紋變淺，或在相關位置形成四方格紋，這樣就完全可以將阻滯化解了。

*生命線流年圖詳見第七十一頁

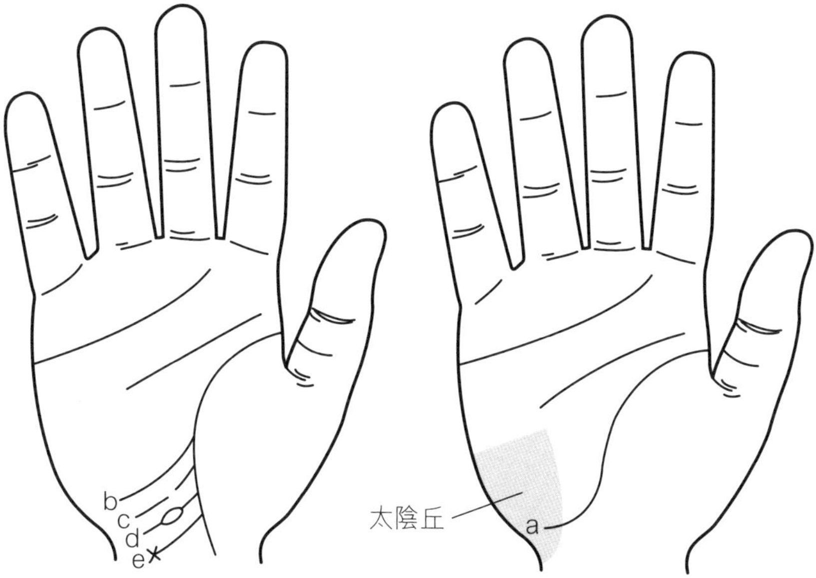

旅行線主移民或外出

旅行線

生命線的線尾，如果生向外（a），會受到太陰丘的支配，喜流浪與變化，代表這人有驛馬運，會移民或者經常往外地跑。

生命線末端的支線，生向太陰丘（b），亦是旅行線，愈長則代表行程愈遠，遠去的時間亦長。

旅行線中間斷開（c），代表在外地遇危險之事。

旅行線有島紋（d），代表在外地患慢性疾病。

旅行線尾有十字紋或星紋（e），會因在外地遇災難而致在外地終老。

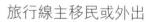

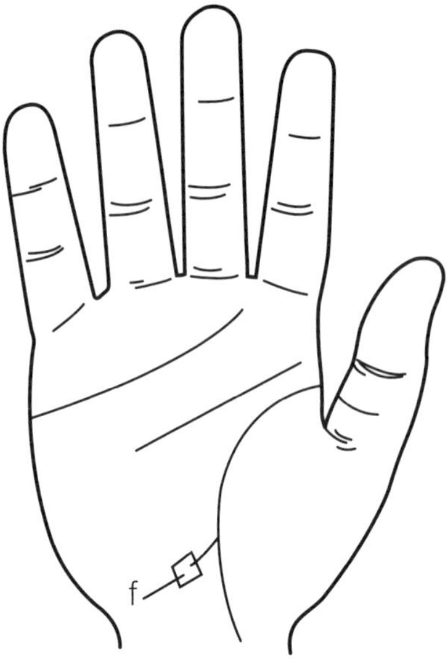

逢凶化吉旅行線

旅行線斷開，但有方格紋（f），代表在外有災難疾病，但可以逢凶化吉。

旅行線要分左手與右手，在左手（先天手）的旅行線，是代表上半生多出門，有機會是出國留學或者隨父母親移徙。

在右手（後天手）的旅行線，代表下半生多出門，大多是因工作關系而外出，與及中晚年時退休後而多時間出門遊玩。

如果旅行線加上婚姻紋開叉，是代表因為工作多出門、或者長期在外工，導至兩夫妻聚少離多。

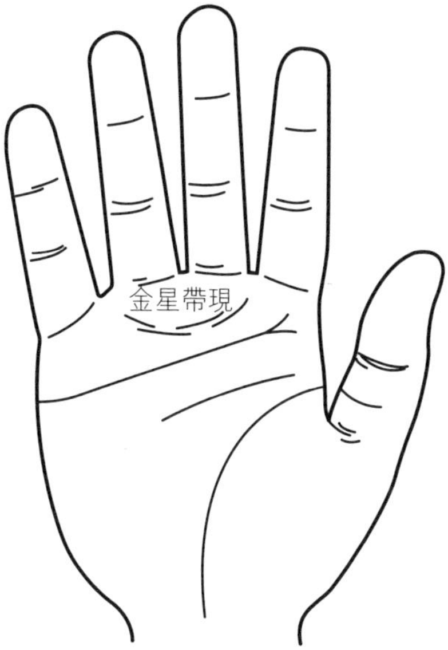

環形線

一 金星帶

金星帶是在感情線上方的半圓形，又叫情慾線，但只限於精神方面，例如愛看色慾小說或電影，但能否付諸行動則要看其他方面的配合。

金星帶也代表桃花、桃色。金星帶必須與婚姻紋一同看，如果婚姻紋雜亂，是代表因為惹上桃花，而影響了婚姻。

金星帶很多時會與雙重感情線混淆，由小指水星丘出發的肯定是感情線，代表有雙妻、雙夫；而環繞太陽丘及土星丘的肯定是金星帶，只代表桃花運，兩者有很大的分別。

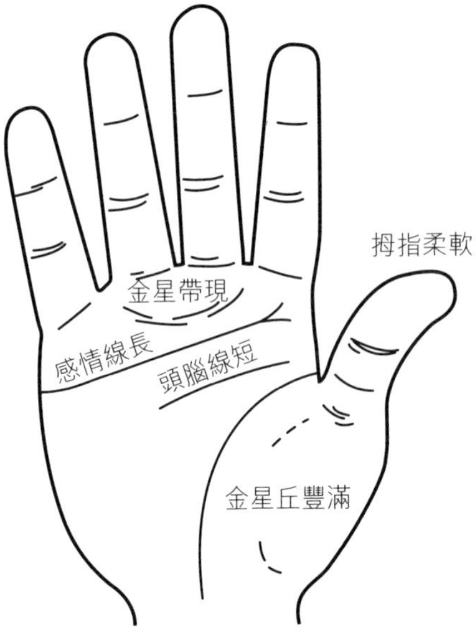

好色貪淫之掌

但凡好色貪淫的掌形，均具備下列特徵：

1 必須金星丘豐滿有肉，表示慾念很強，精力盛旺。

2 必須頭腦線短促，思想着重色慾物質。

3 大拇指*柔軟而後反，代表自制力不足。

4 感情線非常長而有力，甚至下垂至頭腦線，代表過於感情豐富。

如果有以上各點，再加上金星帶，才算是好色貪慾，以致影響財祿事業與健康。

* 大拇指詳見第一八四頁

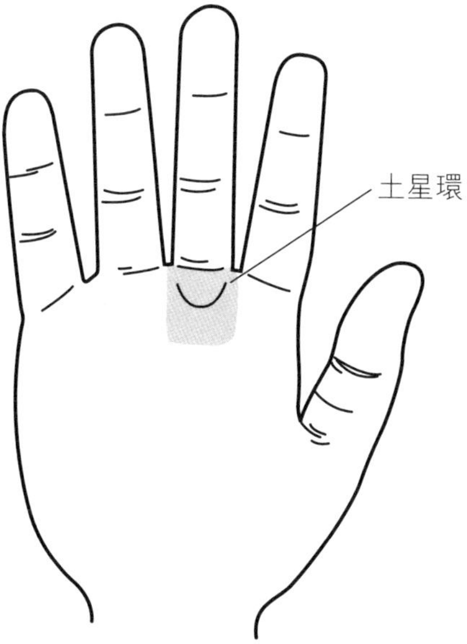

二 土星環

土星代表阻滯、停留。環形紋生在土星丘，很少有，但並非代表好運，有此紋的人能在社會上成功的例子是極少數。

受到土星的不良影響，以致這種人有深沉、自閉、孤獨的傾向，或者有怪癖而令到自己離群獨處，難以融合群體生活。

有此紋者亦不宜結婚，否則會夫妻不合，甚至有家庭劇變之事。

這種人把人生的目標持不同的看法，否定人生的成功概念，若果不幸生有土星環，最利於投身宗教或藝術事業。

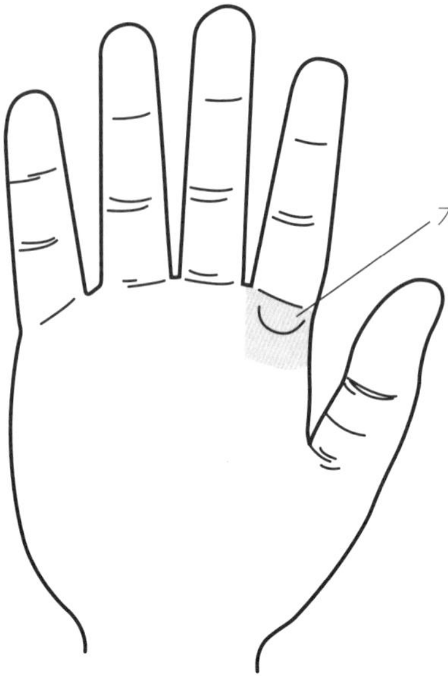

三 木星環

木星環，又叫所羅門環，代表愛好神秘或宗教、哲學的事情，並且想成為這方面的權威，有這環的人大都在某種哲學上有心得。

在占星學的範圍內，木星有很大的福澤，是大吉之星，代表財富、權力、智慧、慈善、解憂、名譽，所以在掌紋學上的設定，亦以木星丘為名譽與權力，所以木星環除了有愛好神秘與宗教、哲學的含意外，也代表權力及事業上的名譽。

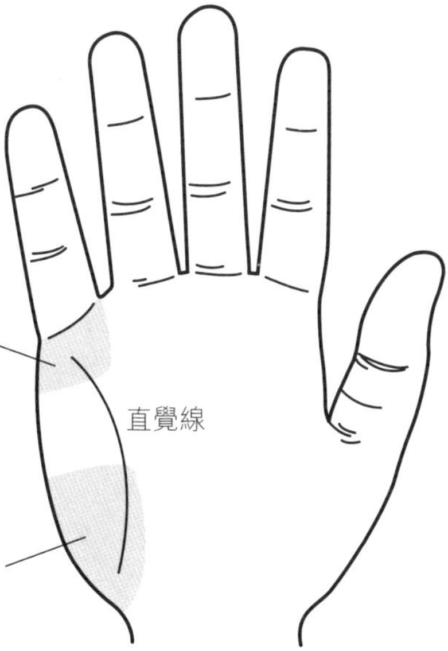

四 直覺線

是由太陰丘*生到水星丘的一條環形線，受到太陰丘的神秘性，以及水星丘的智慧性所交感，這種人有極豐富的預感與靈感，有時會夢到或預感到未來的事情。但過度飲酒與吸煙，會把這種神奇的力量破壞。

水星在占星學代表靈活性、智慧與學術；而太陰丘的幻想性、靈性與變幻，致使這有這種掌紋的人，很多時是一個科幻小說的作家。

有此種紋的人，若從事互聯網創意行業、創意新發展行業，往往能夠將創新轉化為財富。

* 掌丘詳見第八章

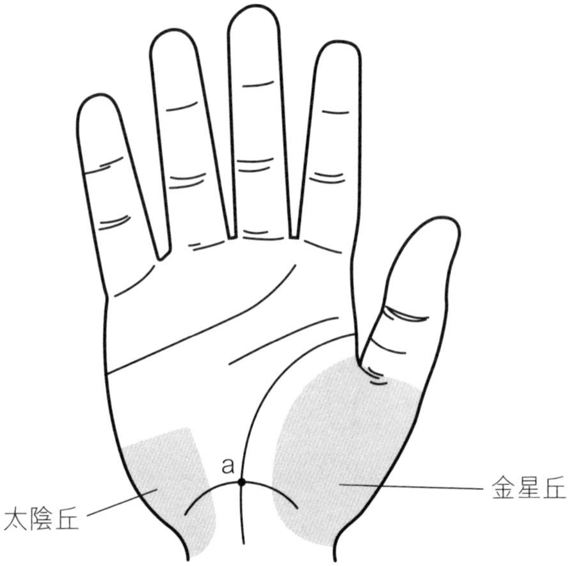

相交點是危險期

五 放縱線

是出現在金星丘*與太陰丘間的環形線，其人性格會受到金星的情感與太陰丘的情緒不定所影響，這種紋是代表熱烈的情慾，代表放任、淫蕩的生活方式。

如果手形軟弱，更會有吸毒、酗酒的不良嗜好，難以自拔。

有放縱線的人，一定會有一些不良嗜好，甚至有可能在酒色財氣的放縱下導致健康受影響，甚至死亡。故必須多運動去化解，並少吃藥物，少吸煙飲酒，及盡量清心少慾。

注意放縱線穿過生命線的歲數位置（a）**，將會是大限之期。

* 掌丘詳見第八章
** 生命線流年圖詳見第七十一頁

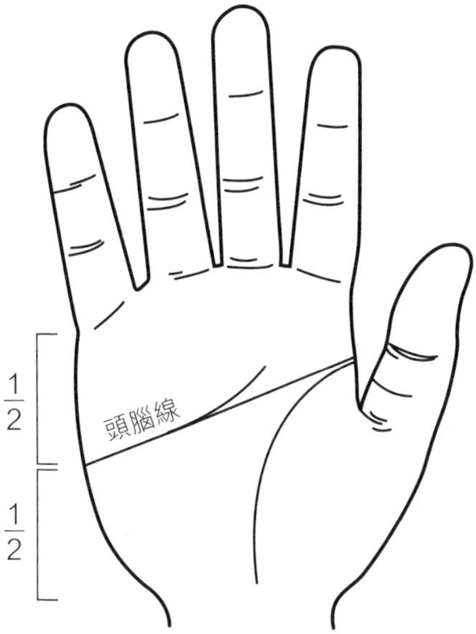

頭腦線斷掌，性格我行我素。

斷掌紋

斷掌分兩種：（一）是頭腦線斷掌，（二）是感情線斷掌。

分述如下：

一 頭腦線斷掌

頭腦線橫過掌中，由頭直通到尾與感情線混而為一，是俗語所謂斷掌。

這種掌紋的人，有強烈的性格，黑白分明，集中力、注意力極強，一旦看準目標，就會盡力而為，不論在感情或事業上均是如此；相反，一旦放棄，便會全面放開。

所以這種掌紋的人大成大敗，行好運時比其他人更富貴，行壞運時比其他人更困滯。

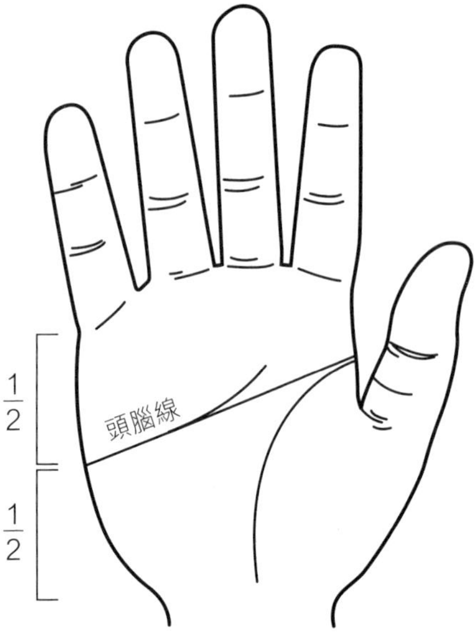

頭腦線斷掌

俗語有云：「男人斷掌千金兩，女人過房養」，這是因為斷掌的人都是「命硬」，六親容易有刑剋，比如父母早不全，父母有大手術，有妻無子女，有子女無兄弟等，總之必然有六親不齊全的情況，所以宜於男性，因為男性可以外出工作，以事業為重，一旦發達，便加倍成功。

古時女性無工作，則只宜過房別舍減少刑剋。但是現代社會，女性亦有事業，只要投入工作，亦可減輕刑剋。

不論男女，斷掌之人均適宜契認誼父母以及遲婚。

如果兩手都是斷掌，配偶亦都適宜是「命硬」之人，例如父母不全或兩三重父母，又或兄弟姐妹有夭折等便合。

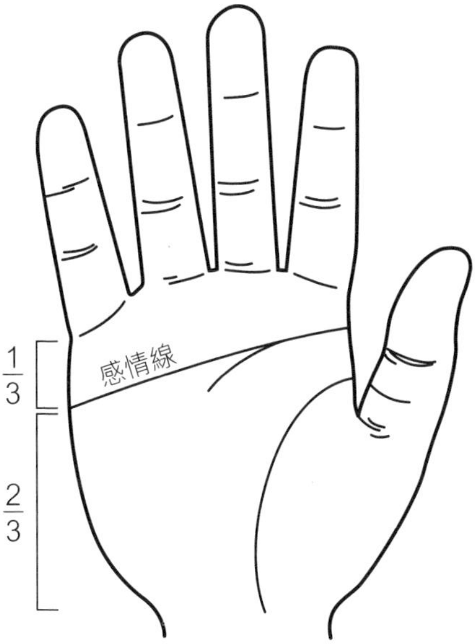

感情線斷掌，重情感多於意志。

二 感情線斷掌

斷掌的部位，不在手中央，而是在感情線的位置與頭腦線合而為一。即是接近手指的下面，便是感情線斷掌了。感情線斷掌的人個性強烈，但重於感情多於意志，即是說當他決定一件事的時候，會以情感或愛情為首要決定的條件，愛心過重，嫉妒心過強。

這種人一旦喜歡了一個人，便會不擇手段、不計後果地追求，務求達到目的為止。

這種人頑固而且我行我素，如果配合得好，他們會是一種最好的情人或丈夫，但是一旦逆其意思時，是沒有什麼人可以將他們壓制。

有這種掌線的人，對親人及愛人有強烈的愛心，同時又希望對方以同樣的付出予自己，於是便容易產生瞋怒之心。如果配合得不好，他們會有血光之險，或者惹禍上身。

第八章

掌形、手指及掌丘

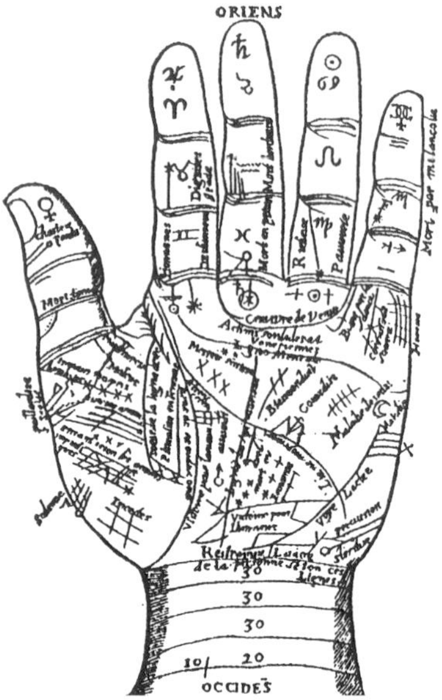

西方十七世紀的掌紋圖

掌形的分類

掌紋與掌形是兩個獨立的系統，很多研究掌相學的朋友，都會將手形的研究忽略了，而只注重掌紋，這樣一來，判斷結果便有所不足。

西方掌紋學將掌形最基本分為七種不同的形態，這是因為配合天上七大行星系統。

初學的人士，對於分辨掌形會感到一些困難，但要是能分別出正確的掌形，對判斷一個人的性格與運氣，會起很大的作用。

上圖是西方十七世紀的掌紋圖，圖中每個掌丘與手指上都有星球的符號，大拇指上的是金星，食指上的是木星，中指上是土星，無名指上是太陽，小指上是水星，足以見到在數百年前，西方玄學家已經明瞭天人合一的道理。

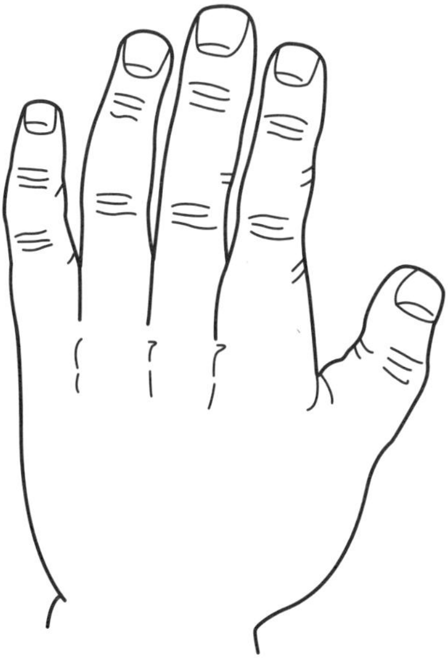

一 原始型

掌形特徵：手指、手形短而厚，皮膚粗，線紋雜亂。

此種掌形看上去好像動物的四肢一樣，全無一點秀氣，是最差的手形。

這種掌形的人重體力而缺少腦力，只宜從事體力勞動的單純工作。

其人沒有情趣與想像力，人生最注重是吃喝和睡，沒有其他生活情操，對文化藝術不感興趣。

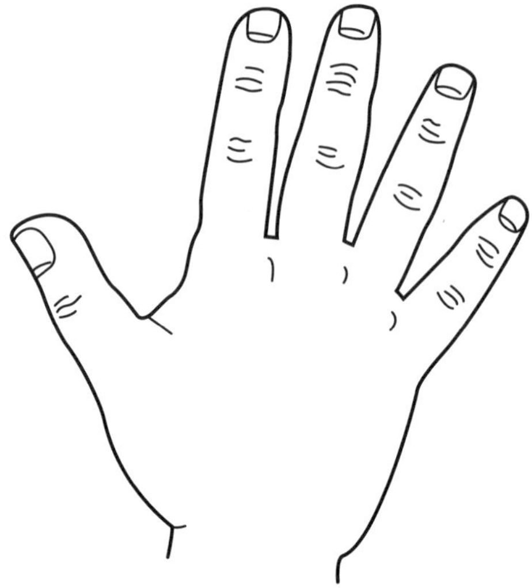

二 實用型

掌形特徵：手形方正、手指平而厚，故又叫四方形手，亦叫實用手。

這種人不管從事任何工作，處理事情均有條理、有組織、有秩序，且有忍耐力。

其人重理性，重物質，但不重感性，對一些帶有迷信色彩的東西甚抗拒。

由於性格欠缺想像能力，所以具此掌形的人，最適合從事一些實際事務，例如商家、醫生、律師、行政人員、管理階層等，在工作上均能有所表現。

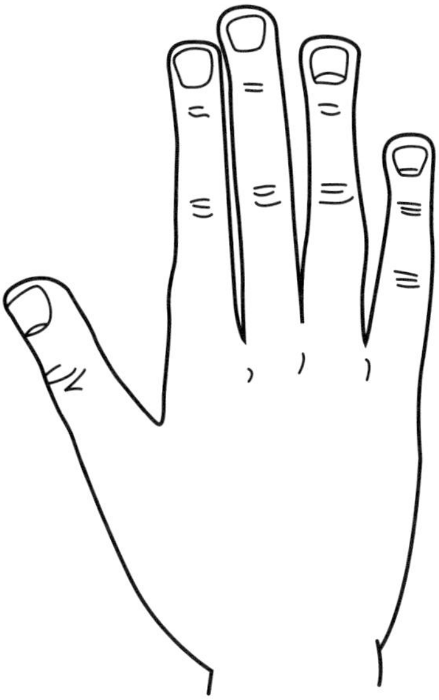

三 扇子形

掌形特徵：手指尖像中國的扇子形狀。

這種手型的人比例上不多，是極少數。

這種人有不屈不撓的精神，思想獨特，性格急躁而強硬，處事有自我的風格，不愛人云亦云，且語言能力高，所以成功人士亦有不少是這種掌型的。

此掌形可適合從事各種不同類型的行業。若能多注意與人相處之道，助力會更大。

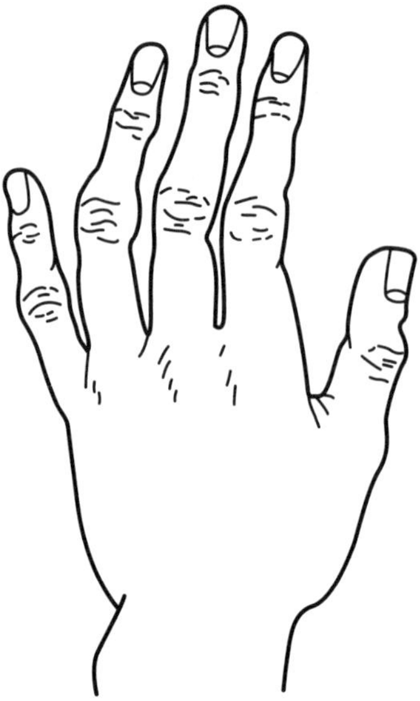

四 哲學型

掌形特徵：手形長而且關節粗大，手指之間有空隙。

這種手型的人，是讀書人，是智識愛好者，喜研究，愛哲學，享受學問上的追求，但有一些孤獨氣息，亦會喜愛宗教生活。

太過純正的哲學手，只重精神、哲學學識，不重於物質金錢，所以不適合於各種商業行為，除非生有一條橫生的頭腦線。

哲學掌手指有空隙是正常，與漏財無關。中國相法口訣有「木形不忌指疏」，亦不用戴戒指化解。

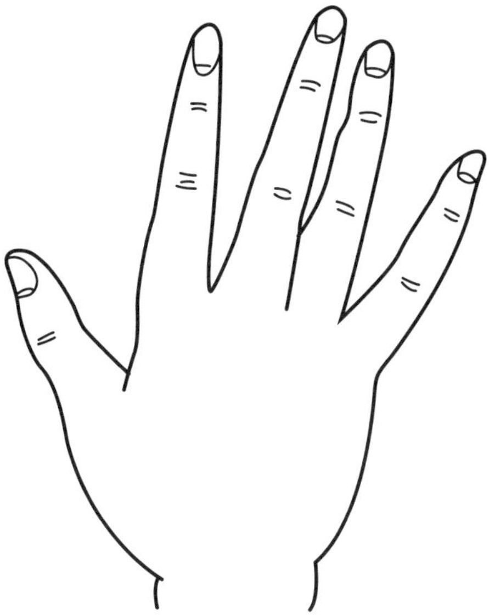

五 藝術型

掌形特徵：十指尖尖，原則上是軟而多肉。

這種手型的人，重藝術，愛美麗的事物，音樂感受性亦高，若不是藝術家，亦會有藝術修養。

這種手形，原則上是軟而多肉，所以惰性亦高且情緒化，處事不能當機立斷，如果頭腦線橫生，手指硬而不軟，則可以將這種惰性減輕。

這種手型的人適合從事一些與設計、藝術、美容、妝扮等有關的事業。

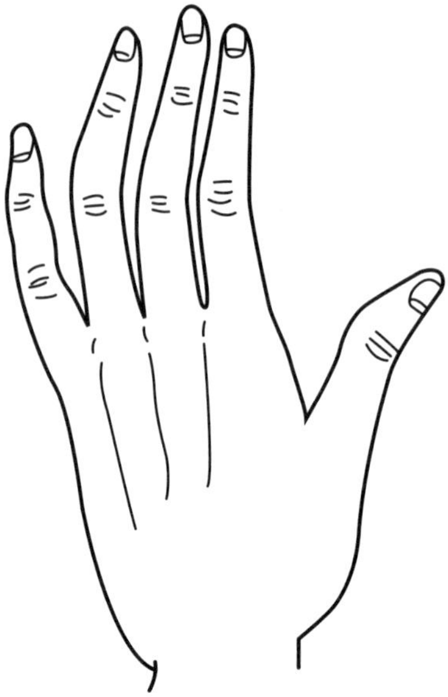

六　理想型

掌形特徵：手指長而軟，好像有肉無骨似的。

其人具有一種重於精神，缺乏實際的性格。

這種人的理想與實際不能並存，處事欠計劃，也欠缺恆心與毅力，只管生活在夢想與理想的世界，而不考慮實際。

這種人亦不重經濟觀念，寅時吃了卯時糧，如果沒有好的頭腦線，則會陷於貧窮和壞運之中，過着「今朝有酒今朝醉」的生活。

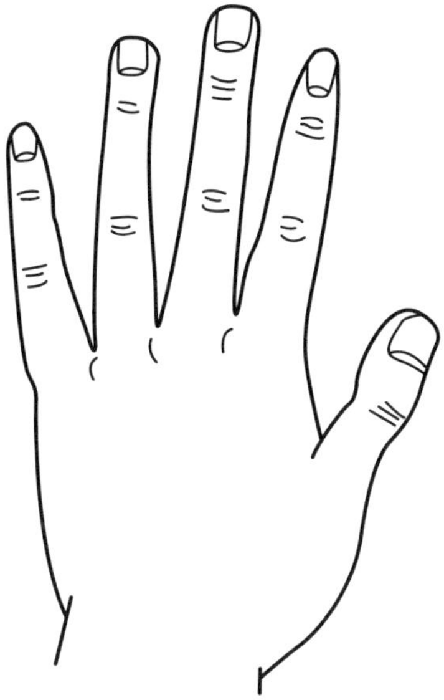

七 混合型

掌形特徵：這種手是前面六種掌形的混合，例如有藝術型的食指，而又有實用型的大拇指，掌形有些是厚，又有些是薄，總之不能歸於前六種手型的某一類型，都是屬於混合型。

這種形心雜心多，但流於多而不精，會有不同的能力，能動能靜，什麼事都會有一點意見，但又缺乏深度。

這種掌型可以在各方面發展，但最終都要看頭腦線的生長方向而定好壞。

手形與頭腦線的關係

原始型手的人——頭腦線一般較直而橫生，代表一個低文化而傾向於粗野的人。這種人只合從事勞力工作，但如果有一條清晰下垂的頭腦線，便會令粗野的個性有所改變。

實用型手的人——頭腦線一般是較直而橫生，代表重實際，是管理、工商界中人的表表者。如果有一條清晰下彎的頭腦線，便會在實際性之中亦帶點藝術與浪漫，例如從事商界的人，亦參與生產一些與藝術有關的貨品。

扇型手的人——頭腦線一般下垂，代表有獨特的思想而又有不屈不撓的精神。如果頭腦線橫生直走，便會是行動過急，活動太多。

哲學型手的人——頭腦線一般是下垂，代表有哲學的思維，用腦的時間比較多，但是如果有一條直而橫生的頭腦線，便難得可以將理論化為實際，例如用哲學的東西，混入商業元素而賺到金錢。

藝術型的人——頭腦線一般是下垂的，代表重藝術與唯美主義。如果有一條直生橫走的頭腦線，便會將藝術性加以商業化去管理，廣告中人、演藝界中人很多時都有這種掌形及掌紋。

理想型手的人——頭腦線一般是下垂，代表只活在自己的夢想之中，如溫室中的小花一樣，但是如果有一條橫生而清晰的頭腦線，便可以將夢想化為現實，投入商業社會之中。

混合型手的人——頭腦線有直生也有橫生，但以直生橫行為好，因為混合手的人性格多變，無定向，需要有清晰的思想去維持自己的路向。

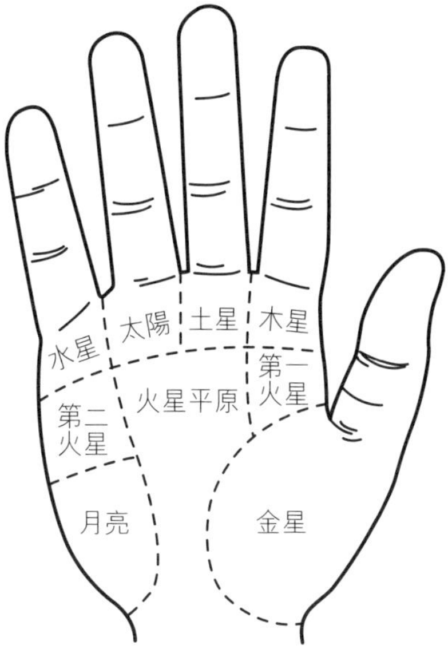

掌丘的研究

在研究掌形、掌紋之後，掌丘是必須要了解的另一個重要部分。

掌丘的分類，是根據太陽、月亮、金星、木星、水星、火星、土星七個太陽系的行星，作為判斷的依據。古代希臘人，利用天人合一的原理，將天上七顆行星，代入到人的手掌上面。

由一七八一年後才被人發現的天王星、海王星和冥王星，稱為外行星，肉眼較難看見到，雖然亦是在太陽系之內，但它們的影響力，始終不及原來的七顆行星。

其實掌中的紋線，主要是將掌丘與行星的定

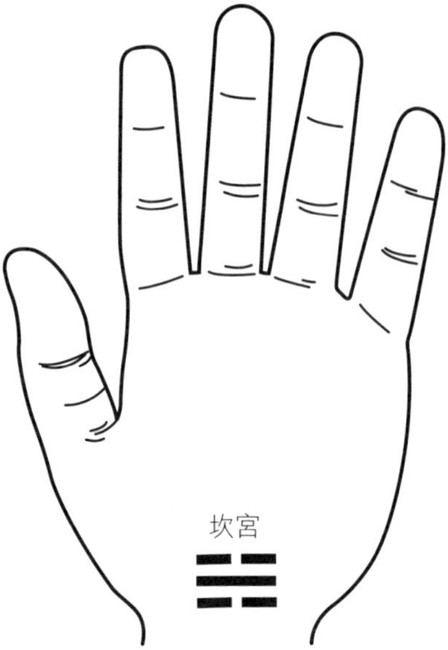

義，加以明顯化，則可以按照代表的定義，去加以趨吉避凶。所以研究掌相學，必須要將掌丘的代表意義分辨清楚。

近代有掌紋學研究者，將生命線末端，即是手掌掌基，在月丘與金星丘中間的位置，設定為海王星丘。中國掌紋學將這個部位定為坎宮，五行屬水，與海王星有一定的共通之處，此部位宜潔淨、飽滿、忌雜亂、紋多，代表有水險、忌水、暈船浪。

天王星在占星學以子宮為命宮，子丑命宮為土星，所以天王星類同土星，可以寄居土星丘。

冥王星在占星學命宮在卯、卯戌以火星為命主，所以冥王星類同火星，可以寄居於火星丘；而近代有天文學認為冥王星的條件，不足以成為九大行星，而將冥王星除名。

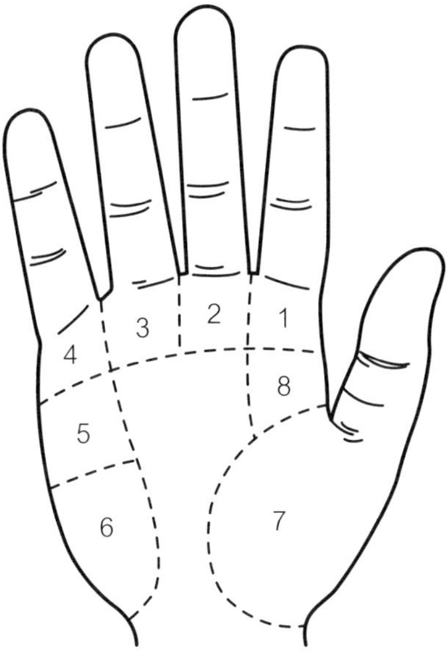

掌丘的分類與含義

1 木星丘：權力、野心、宗教、財富。

2 土星丘：憂鬱、孤獨、冷靜、思慮。

3 太陽丘：光輝、成名、藝術。

4 水星丘：商業、科學、辯論、靈敏。

5 第二火星丘：忍耐、冷靜、恆心、自制。

6 太陰丘：想像、變化、浪漫、神秘。

7 金星丘：愛情、情慾、衝動、同情。

8 第一火星丘：攻擊、勇氣、是非、鬥爭。

理想的掌丘必須要飽滿(土星丘則例外)，及比其他丘明潤光澤。丘上的手指，多數比較長而直。丘的上面，有時候有一條垂直線。

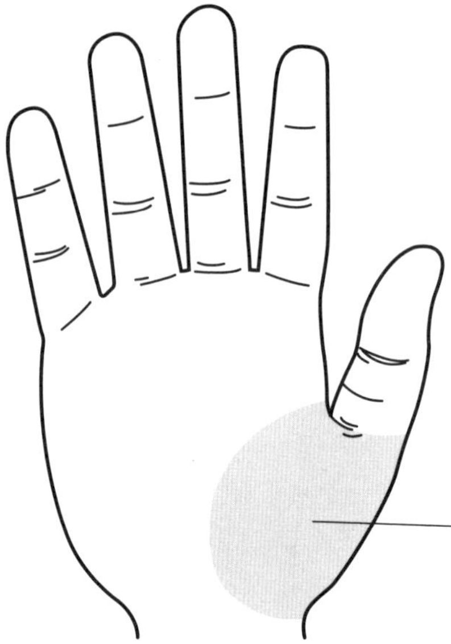

金星格

金星丘十分發達的人，是為金星格。純粹的金星格，其人膚色白、皮膚好、貌美、面頰圓、眉清、鼻直、口齊、唇紅、肩闊、聲清。即使是男性，也具一些秀氣。這類人的性格樂觀優雅、富同情心、愛交際，而且博愛。

金星格的感情

金星格的人早熟而且有早婚之兆，身體強健，性慾旺盛，對象配偶大都是性格堅強、身體壯健的人，愛情濃烈，子女亦多，但因為為人博愛，所以須小心三角戀愛。

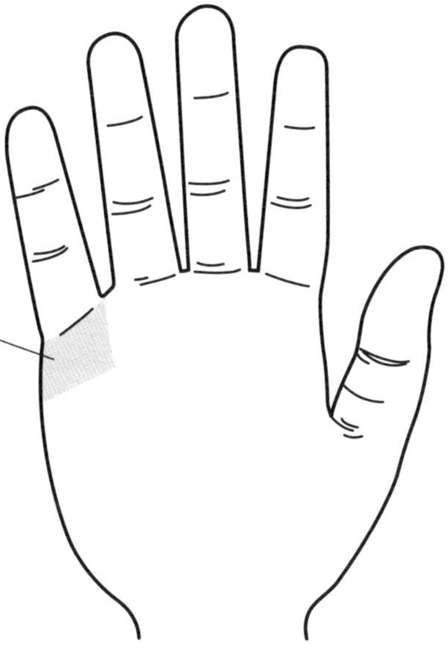

水星格

水星丘十分發達的人，是為水星格。純粹的水星格，其人身材略小但勻稱，額高、瓜子口面、眼珠黑、目光靈敏、鼻略小、唇薄而略青、下顎長而尖。為人喜怒形於色，表情多，眼神多動。外貌較實際年齡小得多，善於口才與交際，財運無絕境，但是勞碌奔波。

水星格的感情

交際手段好，易得人心，婚姻戀愛必早，對象都是年紀相若，或氣質接近的人。男性則愛嬌小而聰慧的女子，子女亦不少。

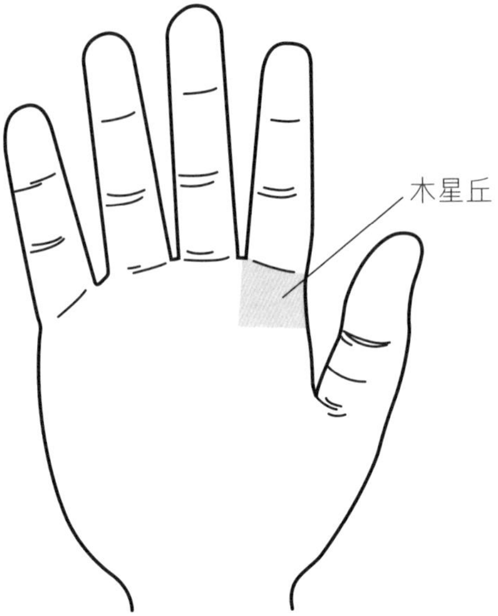

木星格

木星丘十分發達的人，是為木星格。純粹的木星格，其人身材中等，肌肉紮實多汗，膚色淺或白，眼大而秀氣，鼻直口方，唇厚紅潤，頰圓面長，耳大肩闊而有禿頭的傾向。為人親切，運氣亦好，顯露頭角，有財運，名利好，不論任何職業，均可居於他人之上。

木星格的感情

有英雄氣質，所以有吸引異性之能力，早熟早結婚，配偶必定是有地位財富的人，或者是有名氣人士，木星格的人是極少會獨身的。

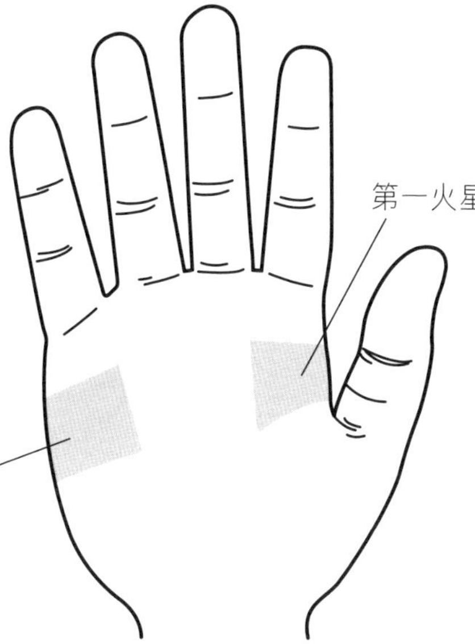

火星格

第一及第二火星丘十分發達的人，是為火星格。純粹的火星格，其人身材中等，有英雄氣概，面色紅潤帶赤，頭小面圓，眼不大而有威，鼻高，口大而緊閉，下顎大而圓。為人勇敢，有進取心，性急粗野，疏財仗義，精力強，有忍耐力，富冒險精神。

火星格的感情

性急粗豪，婚姻戀愛多是非，或不幸，或獨身。性慾強盛，若見喜愛的異性，必定用進取勇猛的攻勢，把對方征服。

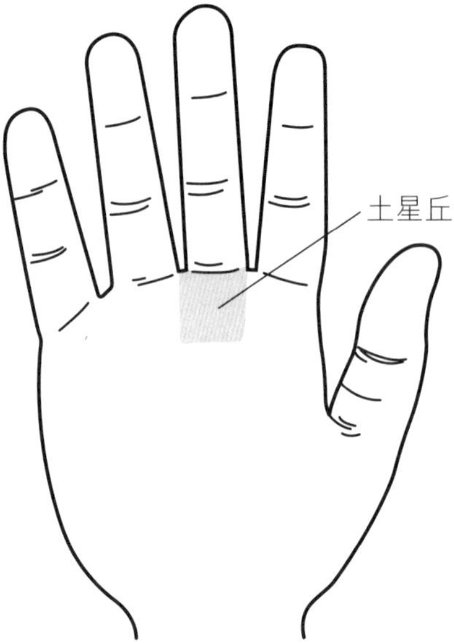

土星格

土星丘十分發達的人，名為土星格。純粹的土星格，其人身高體瘦色黃，額闊顎尖，眼凹神悲，情意憂鬱，鼻尖而直，唇薄色暗，無活力，頭髮粗黑或禿頭。為人個性沉鬱而深沉，不喜交際，只求孤獨的生活方式。非常節儉，運程反覆或刻板居多。

土星格的感情

對感情有一種輕視或冷酷的態度，桃花運弱，即使有亦會始亂終棄，性慾淡薄，不少抱獨身主義，或者將快樂建築在異性的痛苦身上。

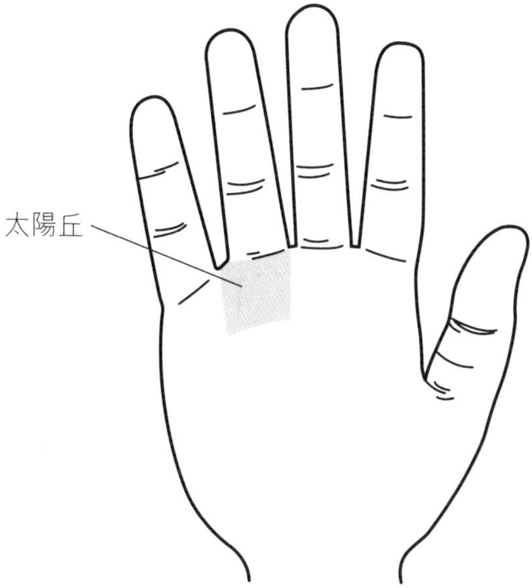

太陽格

太陽丘十分發達的人，名為太陽格。純粹的太陽格，其人身材中等，比土星格矮，比木星格高，額闊眼有神，鼻高唇紅，皮膚有光澤，體態優美，耳大肩闊。為人熱情而有藝術氣質，腦筋好，直覺敏銳，大都早年行好運，先有名氣後有財氣，但喜揮霍以致財難積聚。

太陽格的感情

大多早婚，由於自身有條件，所得配偶多是俊男美女，儀態萬千的人，或者名氣界人物。性慾不太強烈，而婚姻生活多是因日久生厭或年老色衰而致彼此不合。

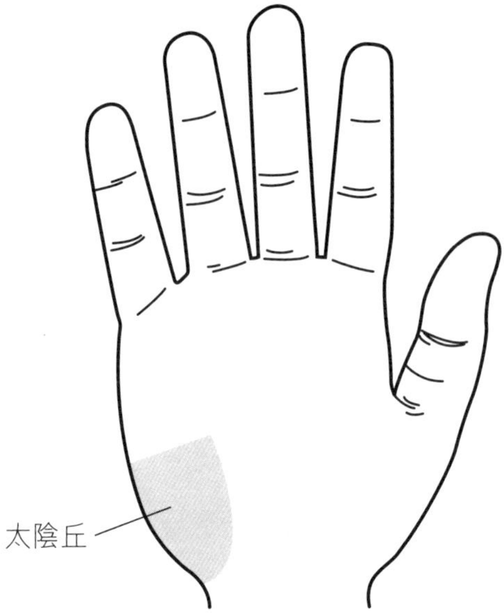

太陰格

太陰丘十分發達的人，名為太陰格。純粹的太陰格，其人身高體胖，膚色蒼白，鼻短口小，唇厚，有雙下顎，頸短，身體柔軟，眼常濕潤。為人想像力強，多夢，性情冷淡，異常懶散，或睡眠時間長，做事拖延。

太陰格的感情

思前想後，考慮太多，所以大多晚婚，對象多數是身份或年齡不相稱的人，例如老夫少妻，妻大夫小，貴族配平民，下屬嫁老闆等。大都有不美滿的婚姻，甚至離婚收場。

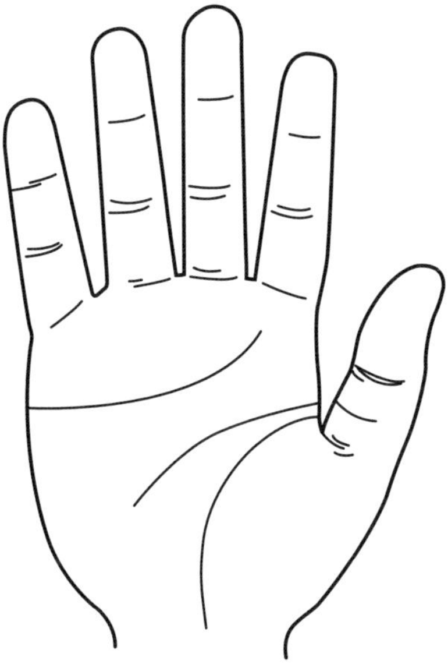

理想型大拇指

大拇指

要了解手相學，必須對大拇指要有深刻的了解。

大拇指是代表一個人的意志力與品性，五隻手指，包括掌形、掌紋，都受大拇指的影響。

研究大拇指要分左右手，左手(先天手)的大拇指代表父母祖輩的遺傳，尤其是父親。如果左手拇指特別小，就代表童年一定會經歷一些阻力與疾病，而且父親的人生一定會經過很大的阻滯，如生意失敗、婚姻感情變化、健康問題……等等，要不然就是與父親緣分淡薄。

相反而言，右手(後天手)大拇指，代表與母親的緣分，但必須要與掌紋對比參考。

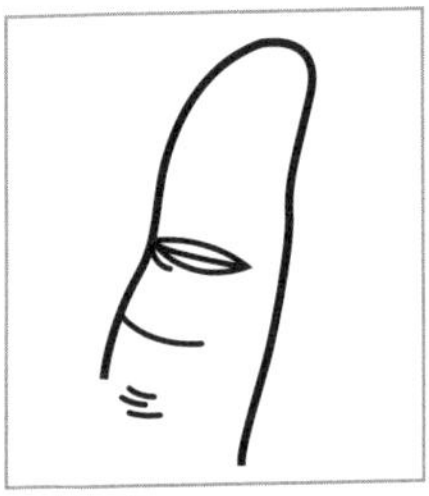

夫子眼

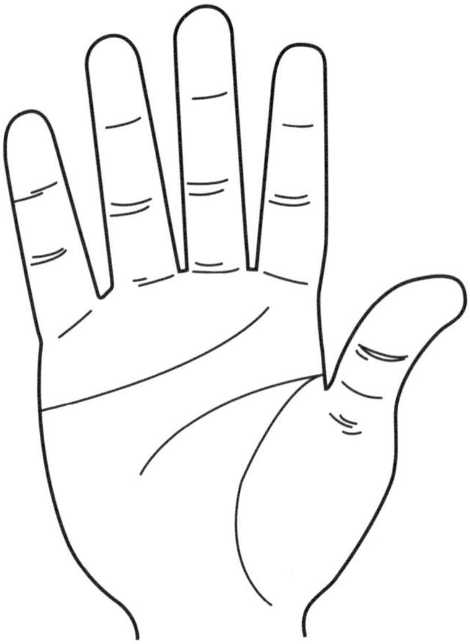

柔軟型

一 柔軟大拇指

大拇指第一節與第二節之間，能夠向外方彎曲，就是柔軟性的大拇指。

這種人心軟不計較，所以人緣不錯，但在金錢方面較浪費，在日常生活上比較無主見，是隨意之人。

如果配合不好，這種人是無主見兼浪費的人。愛情生活亦隨便，沒有目標與立場。

大拇指第一、二節之間如果有一雙鳳眼紋，在女性而言，會得到一位好的配偶及有好的兒子，在古印度掌紋學稱之為「夫子眼」。

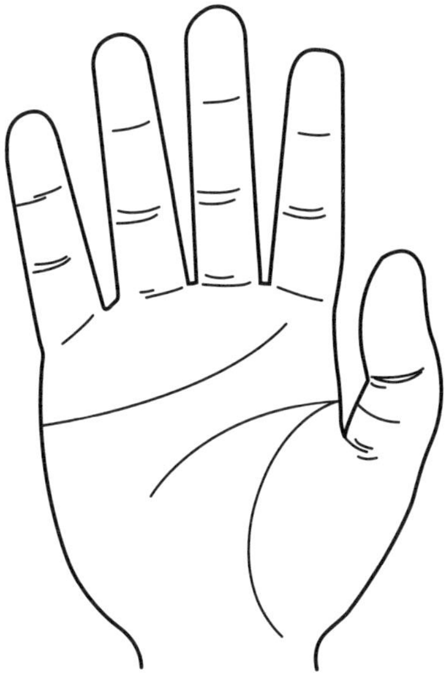

硬直型

二 硬直型大拇指

這種拇指是硬直而不能向外彎曲的，為人主觀強，有自己的立場，只要是已經決定的事，人家愈反對，他愈不讓步。如果配合不好，這種人是暴君專權之人。這種人不易與人為伍，但是一旦找到好朋友，就會視對方成為知己對象。

這種人在愛情生活上亦是黑白分明，是愛是恨分得很清楚，要是決定與對象分手，就連多一秒都不能容忍。

在金錢方面，是吝嗇之人，花錢前要深思熟慮，所以最適合管理財政。

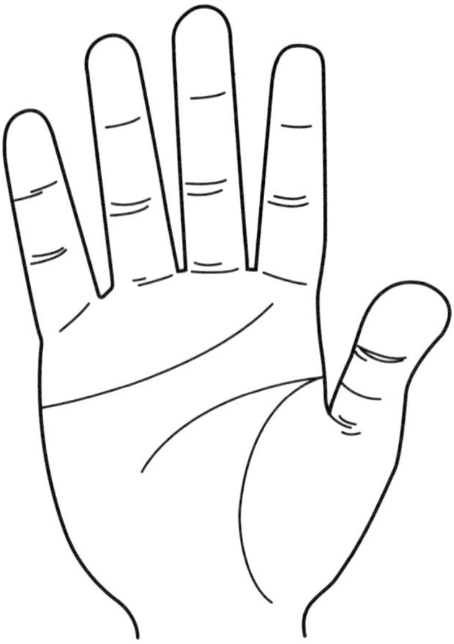

棍棒型

三 棍棒型拇指

有獸性、頑固及偏執的個性，如果配合不好的頭腦線，則更差，在情緒不定的時候，就不能控制憤怒，所以容易惹上官司或者成為罪犯。

這種人一定要培養堅持忍耐的性格、提醒自己不要一時衝動而惹上麻煩。

棍形拇指，在左手是上半生事業阻力，需提防官司；在右手是下半生事業阻力，也需提防官司。

這種拇指的人，只要忍耐、修心、學習、謙遜……久而久之，掌紋改變，便可以彌補大拇指的缺點。

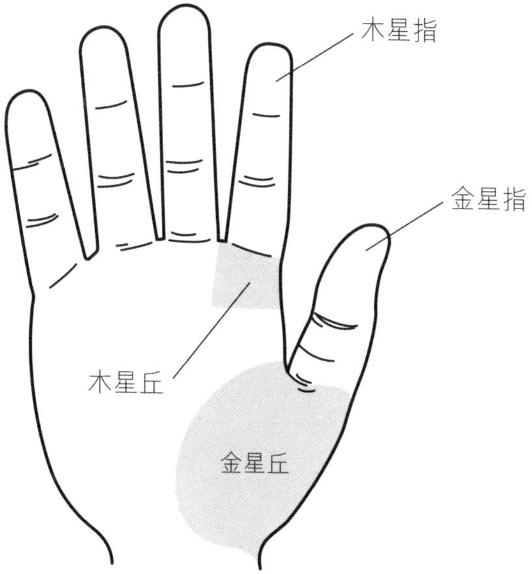

偏長手指的啟示

金星指（大拇指）

大拇指雖然由金星丘生長出來，但它是所有手指的主宰，它的定義超越了金星丘的範圍。

大拇指長短與一個人的意志力有非常大的關連，大拇指細小的人，代表意志力薄弱，毫無主見，做事很易受客觀環境的擺佈，相反大拇指愈長愈堅硬的人主觀性較強，比較固執。

木星指（食指）

木星指長，喜歡權力和支配別人，野心大，這是因為受到木星丘權力、野心的影響。短小的木星指代表缺乏野心，而且怕負責任。

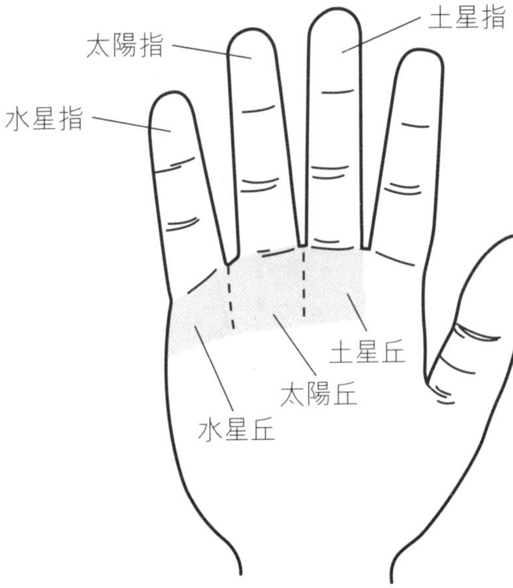

土星指（中指）

受到土星的憂鬱、孤獨、冷靜、思慮影響，長長的中指代表此人愛孤獨，具警戒性和嚮往田園生活，也有宗教與及修道的心態。在中國掌紋學分析，是代表孤峰獨賞兼無助。

太陽指（無名指）

太陽指代表藝術、名譽，所以太陽指長而直的人，代表愛美，愛名譽。太陽星過長則其人愛投機而且物質主義重，甚至好賭博。

水星指（尾指）

水星代表智力、辯論、靈敏。尾指長而直的人很好勝，語言能力好，記憶力強有商業頭腦。小指短而彎表示不愛說話，或者有口吃毛病，不愛表達自己，亦代表子女稀少。如果水星丘太弱小，代表婦女不生育或者不能受孕。

手指與六親關係

中國掌紋學將五隻手指分為六親關係，分別是：

1 大拇指：代表父母及祖輩。主幼年運。

2 食指：代表兄弟姊妹及平輩。主青少年運。

3 中指：代表自己及公司家庭。主中年運。

4 無名指：代表配偶或情人。主中晚年運。

5 小指：代表子女及晚輩。主晚年運。

將這種關係代入五隻手指，再看手指生長的好壞，就可以知道與六親的緣分。

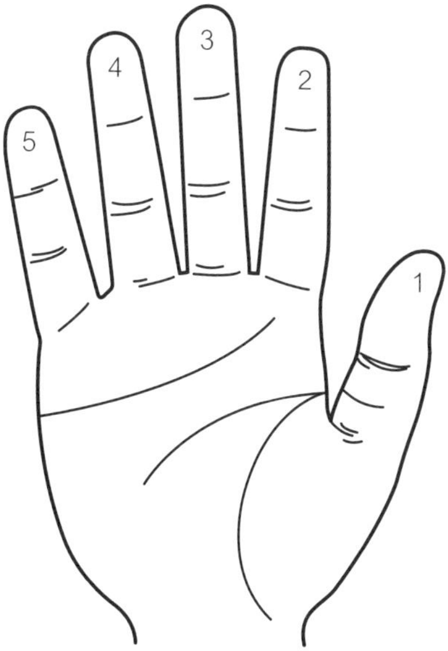

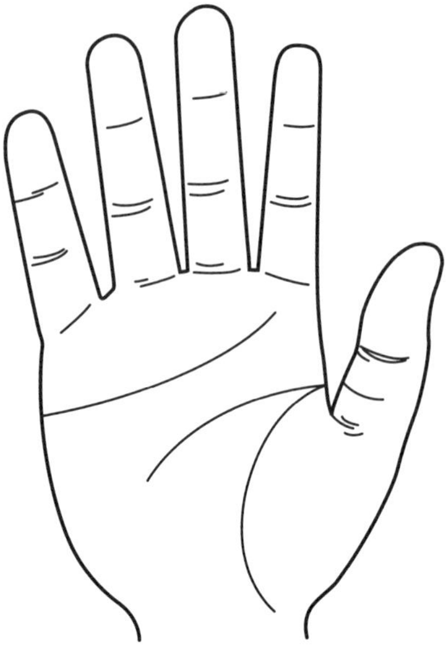

食指偏弱無力

一 大拇指太小或者是棍棒型拇指

代表在幼年時經歷過病危、窮困，思想及體能發展比較遲；要不然就是父母緣薄、單親家庭，或者雙重父母，而不得到父母的愛護或疏忽照顧。

若只出現在左手(先天手)，情況會比較輕微，要是右手(後天手)或一對手都有這種形態，則較嚴重得多。

二 食指偏弱無力

食指是兄弟姐妹之指，如果食指偏弱無力，代表着在青少年時期，運氣不穩定，很容易受到同學的不良影響或者欺壓，手指柔軟者尤甚，所以最忌與人合夥。

無名指比食指長很多，叫「賓強主弱」，主一生忠直被人欺。

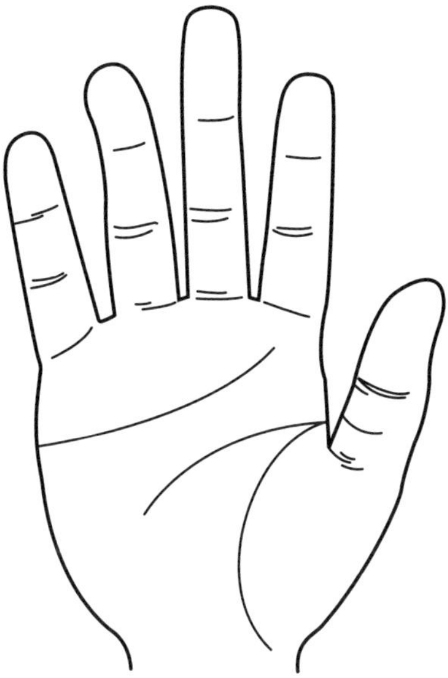

中指太長主孤獨，
無名指彎出，夫妻無緣。

三 中指左右彎曲或太長

中指不宜左右彎曲或太長，如果太長就代表孤獨命。

此種人在家庭或社會上無其他助力，甚至乎會獨身，亦最利從事以自己為主的工作。

四 無名指秀長挺直與短小彎曲

無名指是妻妾丈夫之指，秀長挺直的無名指，代表配偶的助力或品德不差，此種人有內助之妻，有旺夫之運。

無名指短小彎曲，代表感情不穩，彎向尾指者尤甚。

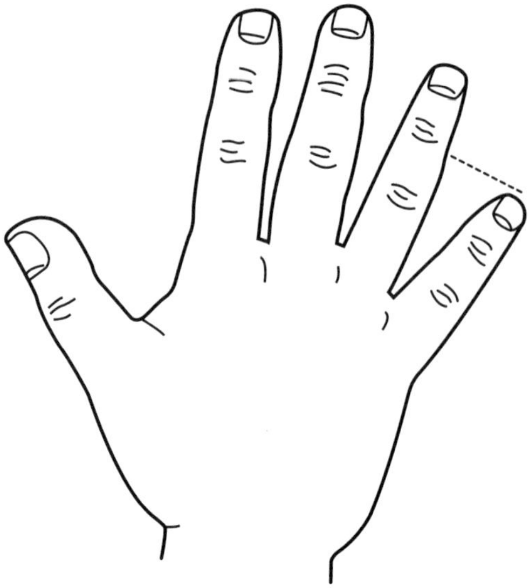

土形不忌尾指短

五 尾指長直與短弱

尾指是代表子女與晚運，尾指要長，要直，要過無名指第一節，即是「過三關」，則晚輩運與晚運均好。

尾指太短小偏弱，加上尾指下的水星丘太弱小，幾乎可以肯定是子女稀疏，甚至乎不生育子女，或者是因婦科問題而不能受孕。這種手形的人士，晚年比較孤獨。

但要留意，中國相法口訣中有：「土形不忌尾指短」，即是掌形肥厚肉多的人手指肥而短，則小指略短並不一定無兒女。

第九章

中國掌紋學

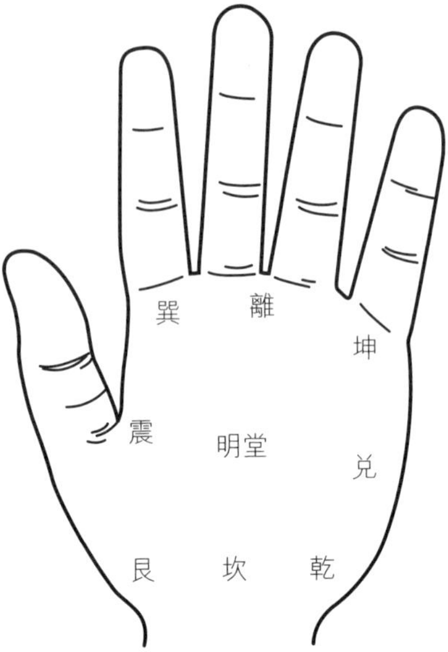

論中國掌紋學

中國掌紋學，與西方掌紋學是兩種不同的系統，嚴格而言，中國人對於掌紋的研究，並沒有西方掌紋學的深入及詳細，但是對於六親運的判斷，亦是有它獨到之處。

中國掌紋學是用五行系統，即是分金、木、水、火、土，五種形狀的掌形，而掌丘則用八卦系統，即是坎、艮、震、巽、離、坤、兌。

中國掌紋，以男左女右為判斷依據，即是不論先天後天，男性一概看左掌為主，女性則以右手為定。有些老師傅甚至是因男或女而只看一邊手，其餘一邊手都不用看一眼，這是因為他們大部分時間都是以面相及生辰八字為判斷準則的緣故。

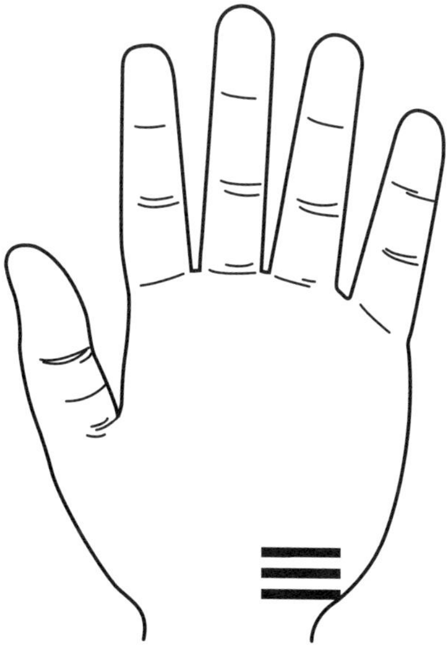

乾

掌中八卦及明堂

中國相手中的八卦與西方掌丘，有異曲同工之妙。

分論如下：

一 **乾宮（即是太陰丘）**

乾宮色紅，主祖業豐隆。

乾位色黑，父早剋，本身尤防金石厄。

乾卦主父，主祖墓，故乾宮豐滿主祖蔭充足，父有助力。

凹陷紋沖則相反，祖蔭薄弱、父無助力。

若對照身體毛病，凹陷紋沖更主頭病、肺病、骨病。

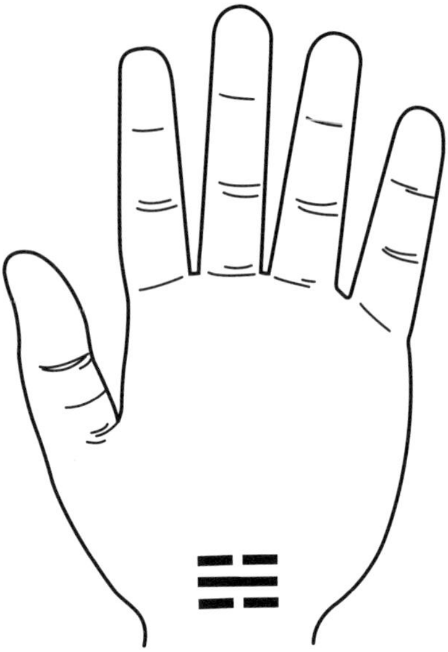

坎

二 坎宮（西方掌紋無此丘）

坎宮色紅，主水路財洪。

坎位色黑，財困迫，本身尤防水厄。

坎卦主水路，主腎，主運輸。

坎宮飽滿主利於水之財，例如運輸、航運等。

凹陷紋沖主水險或腎病，婦科毛病極應驗。

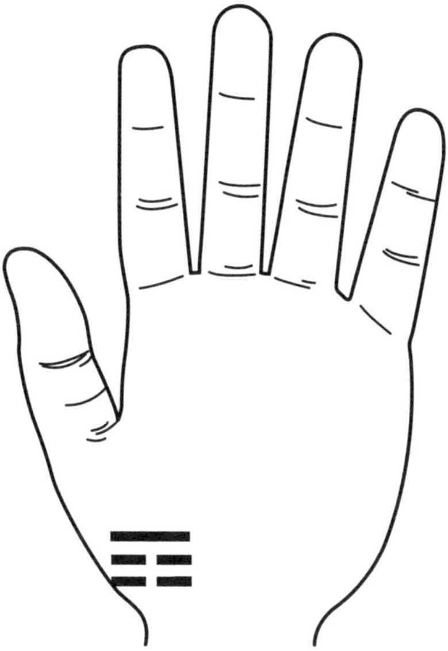

艮

三 艮宮（即是金星丘）

艮位色紅，主山嶺財豐。

艮位色黑，上山凶；本身尤防受虎嚇。

艮卦主山林，主田地、產業，若此位豐滿紅潤，代表有物業、田產運。

凹陷紋多則相反，田產運較弱，亦主肌肉、筋骨、皮膚、腸胃毛病。

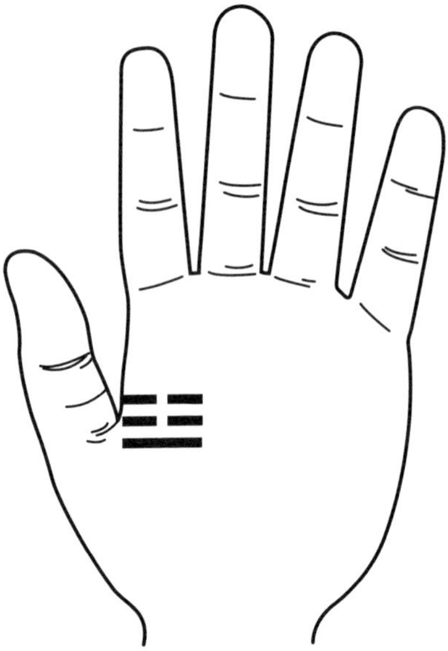

震

四 震宮(即是第一火星丘)

震位色紅，主時運亨通。

震位色黑，長子剋；本身尤防受雷厄。

震卦主功名，主長男。

震位紅豐滿，主有當時得令之運程。

若凹陷，則主一生是非與勞碌事糾纏，又主膽小，亦主關節、肝膽毛病。

震位紋多，主長子不得力。

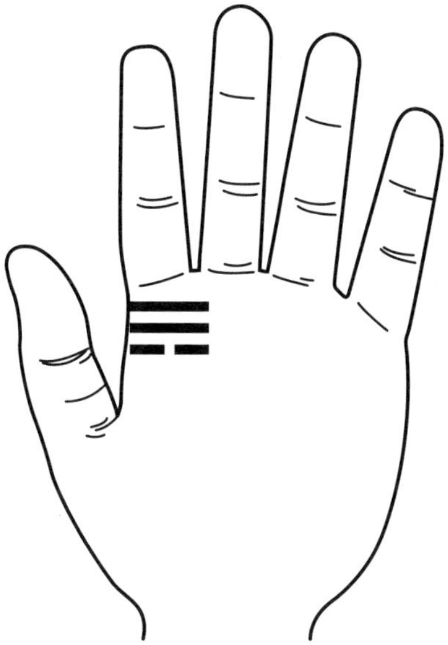

巽

五 巽宮（即是木星丘）

巽位色紅，主橫財相逢。

巽位色黑，財受厄；本身渡河風颶嚇。

巽卦主財帛位，主專業人士，若豐滿紅潤，主得名利。

若凹陷紋多，則主散財及無權柄，又主腰病、氣疾。

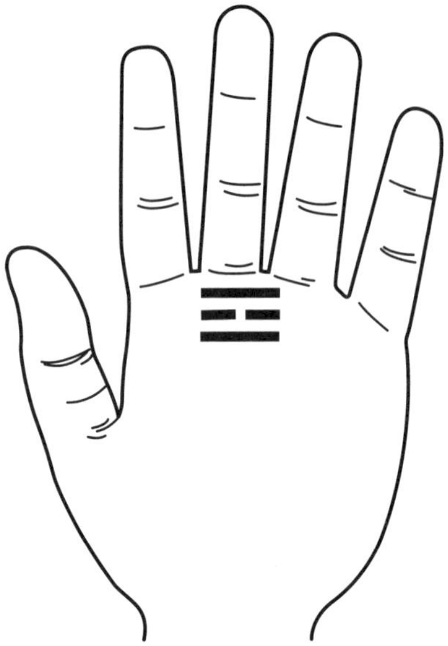

離

六 離宮（即是土星丘與太陽丘）

離位色紅，主功名相從。

離位色黑，功名革，本身尤防火災厄。

離卦主喜慶、功名，主電與火，例如電訊、電腦行業。

此位豐滿紅潤，主得功名，更合從事火與電行業。

凹陷紋多則相反，不宜從事火、電行業；功名、喜慶有礙，又主眼目、心臟之病。

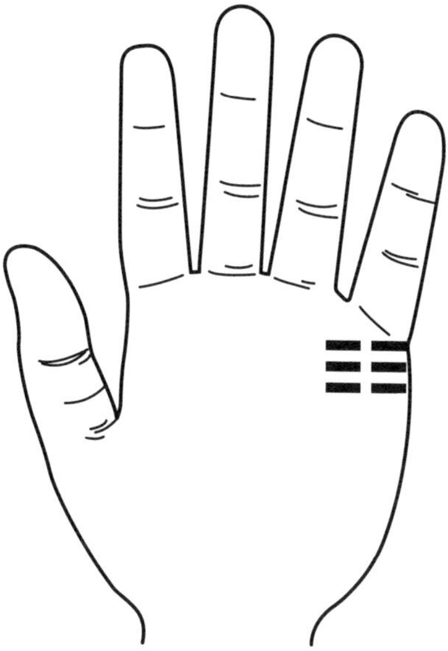

坤

七 坤宮（即是水星丘）

坤位色紅，主田產重重。

坤位色黑，妻有厄；本身田產盡消索。

坤卦主宅母、田地、妻妾之位。

坤位豐滿，主妻嬌妾美而內助，婦人得好夫，又主子女數目多。

坤位凹陷，則主妻妾夫星不力，子女數目少兼有慢性病。

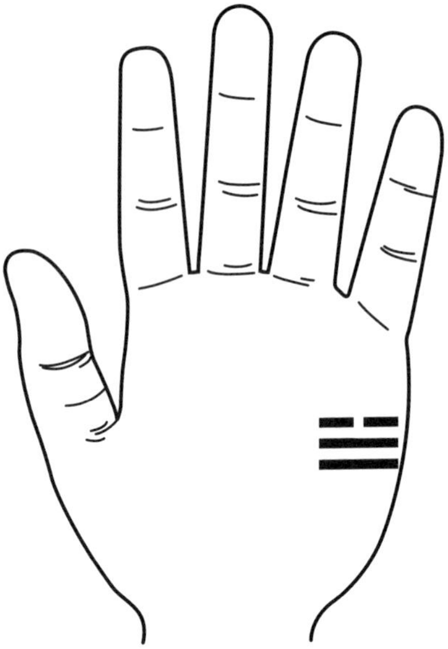

兑

八 兑宮（即是第二火星丘）

兑位色紅，主官訟財充。

兑位色黑，官非責；本身尤防刑戮逼。

兑卦主口舌、是非、桃花，若此位豐滿紅潤，亦主有財，但是非難免，亦有桃花。

如果兑位凹陷、紋沖，則有官司、桃花劫，並有呼吸系統毛病與血症之災。

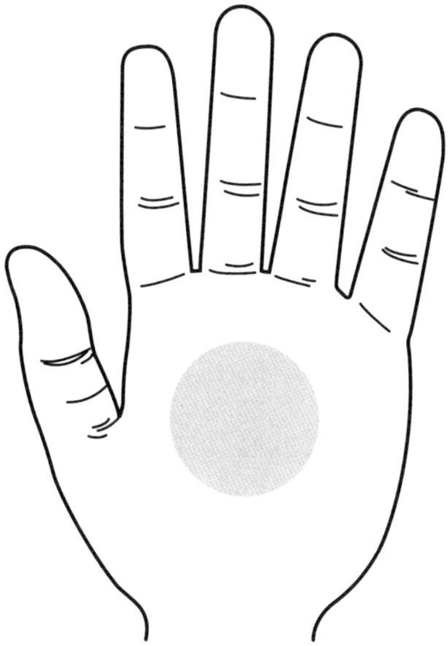

明堂

九 明堂（即是火星平原）

明堂代表自己的吉凶，是將風水學的明堂，代入掌丘之內。

這裏宜微平坦，其實是由於八卦掌丘在週邊豐滿，相對地覺得中心的明堂平坦而已，但明堂總不宜凹陷，又不宜紋沖紋多。

明堂不宜有暗色，色暗黑代表短時期內有災殃。

明堂光明潔淨紅潤，則時運亨通。

相掌色心法

中國相掌學很注重氣色，看掌先看掌色如何，便可論目前運氣，這是中國相掌法獨有的學問，古傳相書中有相掌色心法，很有參考價值，內容如下：

掌中噴血，財帛豐盈。掌中生黃，家有死亡。掌中生青，定主憂驚。

掌白不潤，時運未榮。掌色乾燥，財帛有劫。掌中烏鴉，病上有差。

掌中紫色，財祿並重。掌中卦暗，求謀未遂。掌上紅黃，財貴來忙。

指上光潤，時運將通。指上色暗，時運仍滯。

掌色分類雖多，一般以五行分別，即：青屬木、黃屬土、白屬金、黑屬水、紅、赤、紫屬火。

另外有暗、滯、朦三色，分論如下：

青色——主勞碌、驚恐、憂慮、煩惱、動盪。在身體為肝、膽、筋骨。

黃色——主歡愉、進財、喜慶、升遷、功勳、田產。在身體為腸胃、腫瘤、結石。

白色——主憂愁、破耗、死亡、孝服、刑剋、車禍。在身體為肺、骨。

黑色——主疾病、災禍、破耗、敗業、刑剋、倒霉。在身體為腎、生殖系統。

紅色——主歡愉、情慾、喜慶、進財、創業、添丁。在身體為眼、心臟。

赤色——主災難、火厄、血光、官非、離婚。在身體為發炎、血瘡。

紫色——主喜悅、大財、升遷、見之為行正好運之人。在身體為百病不侵。

暗、滯、朦三種為不吉利運的氣色，一眼看感覺好像有灰塵在掌上，代表目前運程未通順，要進行的事有阻力。但凡有這三種氣色，必須忍耐，待時而動，做好各方面的準備功夫。

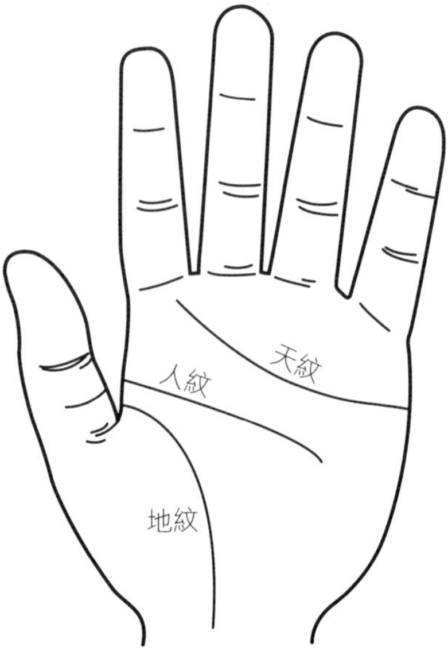

論天、地、人三紋

中式掌紋，主要看天、地、人三紋，即是按照《易經》卦象的三爻，當中包含有很濃厚的哲學思想在內。

這三條主要紋線，中外互通的地方十分多，只要用心分析，就不難發現到很多定律。當中的天紋代表早年，人紋代表中年，而地紋就代表晚年。

下文會詳述三紋的分析。

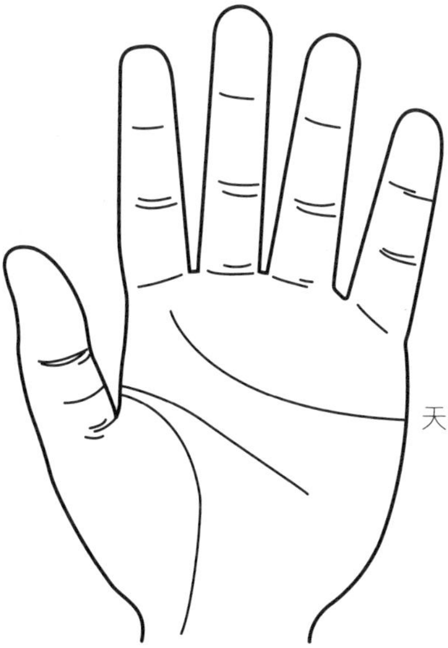

天紋好，早出身，貴人多，
夫妻得力。

天紋

一 天紋即是感情線

天紋生得好，主出身早，貴人多，得長輩、父母的助力十分之多，亦可早婚及早繼承父業祖蔭。

感情線代表人與人之間的感情，包括父母、兄弟姐妹、愛人、朋友；而中國掌紋就將範圍縮小到單單代表父親。

左手天紋又可以代表愛人的父親；右手天紋代表自己父親為主。

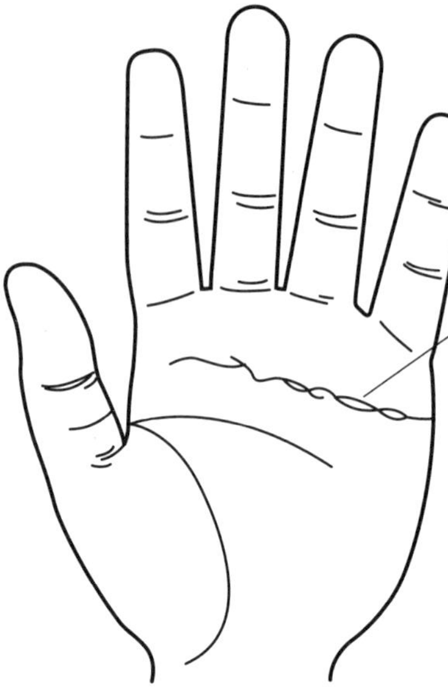

父病無緣

二 天紋是父親的代表

中國社會注重傳承，父傳子、子承父業的情形十分普遍。

如果天紋有缺陷，例如斷裂、鎖鏈紋、下垂至人紋或太短等，均可以肯定與父親緣分出現問題，即是有非生離死別，便有口舌不睦，別祖離宗的情況出現。

此外，亦代表或與父親有代溝，而亦有可能是父親本身的運程不好、病弱、失業或父母離異之事。

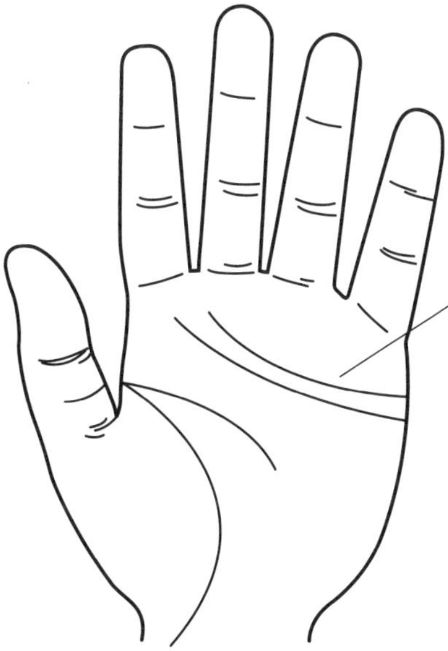

主雙父、雙母、雙夫、雙妻。

三 天紋重疊

主有雙重父母，或過房養育，又或是自小不是隨父母長大，或者由祖父母、工人長期照顧，亦會有雙重天紋。

天紋重疊，亦代表有雙妻或雙夫，總之有兩段深刻情緣。

左手天紋重疊，亦可以代表配偶的父母重婚、配偶不隨父母長大、或由祖父母長期照顧長大、與父母聚少離多等情況出現。

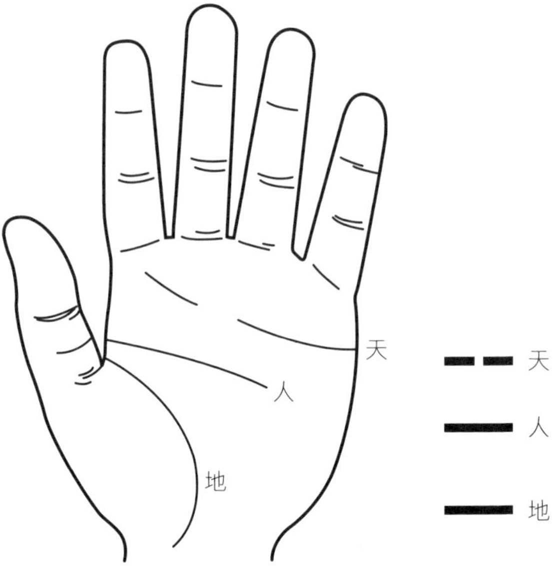

天紋斷是兌卦之象

四　天紋斷裂

形成《易經》上的兌卦，兌卦不吉主六親緣分差，口舌極重，自身更有肺脾內臟之疾，並會有手術臨身。凡此種種，皆因兌卦代表血光、口舌的事情。

凡有這種不良天紋之人，必須要白手興家，並不期望能有父蔭，如果硬要承繼父業，則發生問題的情況將會無日無之。

天紋又是代表尊長或一國之君，天紋有問題的人，在工作上或公職上均易惹官非，所以不利於從政。

如果有雙重天紋或金星帶，或者在斷裂處有方格紋，便可以轉凶為吉。

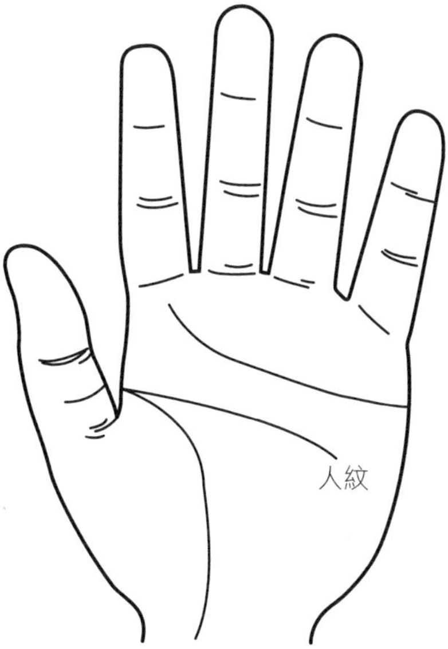

人紋好，中年發財，漸入佳境。

人紋（頭腦線）

人紋在中央，十分重要，與西方掌紋學中的頭腦線，均是有同樣的意義，必須要細心研究。

人紋的看法，雖然大致上是跟西方頭腦線的看法一樣，但當中亦有一些與別不同的看法。

人紋生得好，即使少年時有壞運，仍可以藉由自己努力，而在漸入中年時，發揮所長，得以成功。

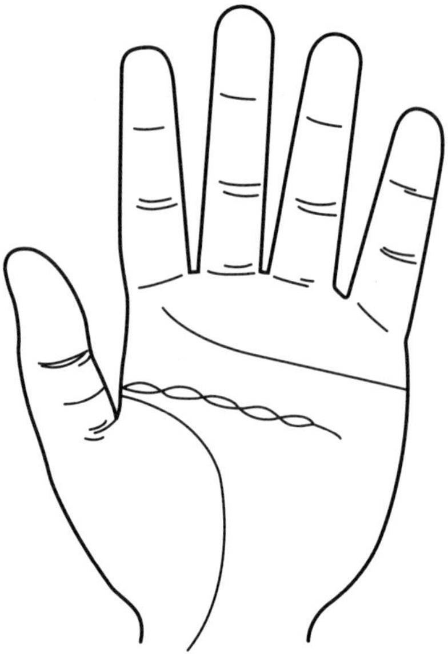

人紋差，中年波折重重。

人紋呈鎖鏈形

即使少年行好運，但進入中年以後，會常常因為自己一些錯誤的判斷而招致失敗。

有這種人紋的人必須要多爭取學問，並多運動以加強健康，增強腦筋活力，能具備清晰敏銳的頭腦，便可以趨吉避凶。

中國掌紋看流年的方法，不像西方以每一條掌紋論一生，而以天紋為早年；人紋為中年；地紋為晚年，作為主要的依據。

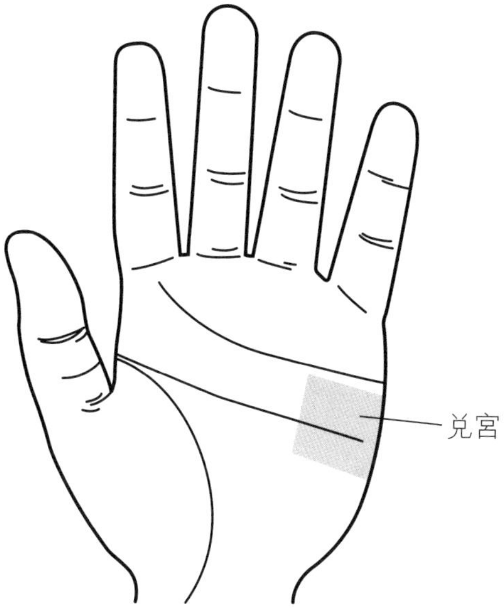

人紋沖入兌宮，主口舌、桃花。

人紋沖入兌宮

代表有桃色糾紛，或者呼吸系統有毛病，這是由於兌宮是口舌是非的代表。

這種人紋的起點在震宮，五行屬三碧木。結尾在兌宮，五行屬七赤金，依五行學說而論，這是金木相戰。

金木相戰在風水學上是三七疊見官刑、離婚、手術、腳傷……等等。

是以中國玄學是全盤一體性，可以互相對比，互相取用，並不會視為單一的個體。

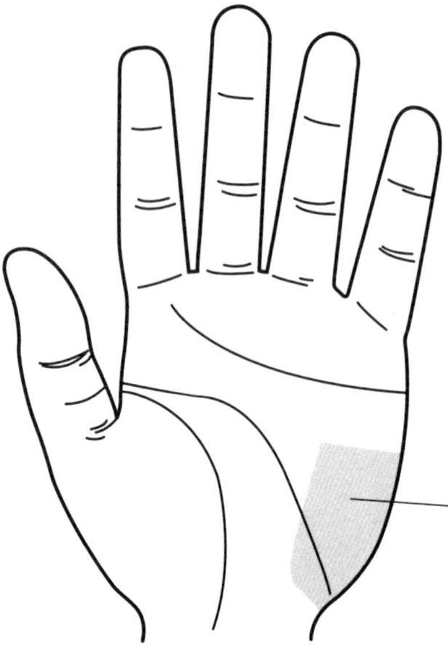

人紋沖入乾宮，父緣薄。

人紋沖入乾宮

主父緣薄，與父不睦，或者背井離鄉，生離死別之事時常發生。這由於乾宮是代表長輩與父親的緣故。

如果用西方掌紋學的看法，頭腦線下垂至太陰丘，人必多幻想，喜變化及遠遊，所以亦容易與長輩的傳統思想背道而馳。

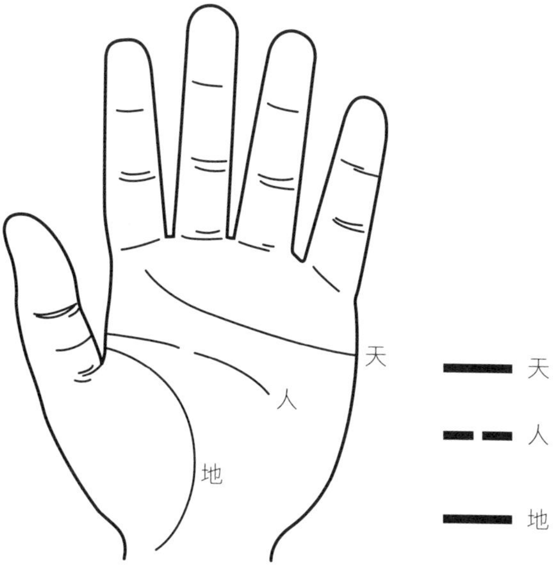

人紋斷是離卦之象

人紋斷裂

人紋斷裂，形成《易經》中的離卦。

離卦不吉，主人事分離，主精神錯亂，主眼目、心臟病，主血光之險，所以人紋斷裂的人，必須要小心以上種種不利之事，多行善及從正面思想上下一點苦功。

離卦在《易經》上代表火，所以必須留心血光之險，尤其是外傷手術、頭部受傷，因為人紋即是頭腦線。

如果斷開處有方格紋，則可以轉凶為吉。

地紋（生命線）

地紋代表母親，即是坤為地為母之意。

這是中國掌紋學中獨有的看法。

詳述如下：

一 地紋成雙

地紋成雙，主雙母，或父有情人，或過房養育，由其他人養育長大。

所以地紋有雙紋的人，最適宜契認誼母，以趨吉避凶。

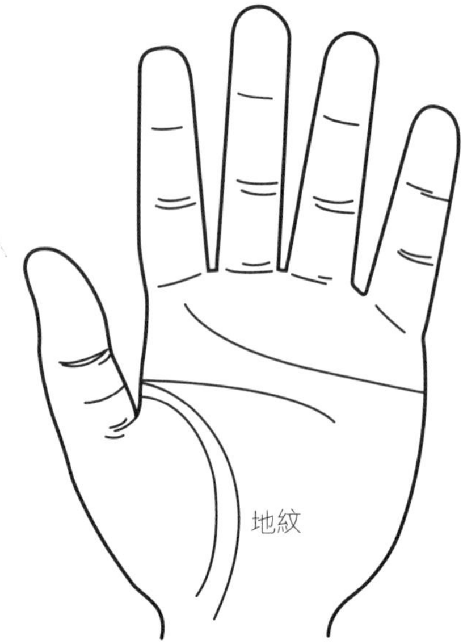

地紋成雙，宜契誼母。

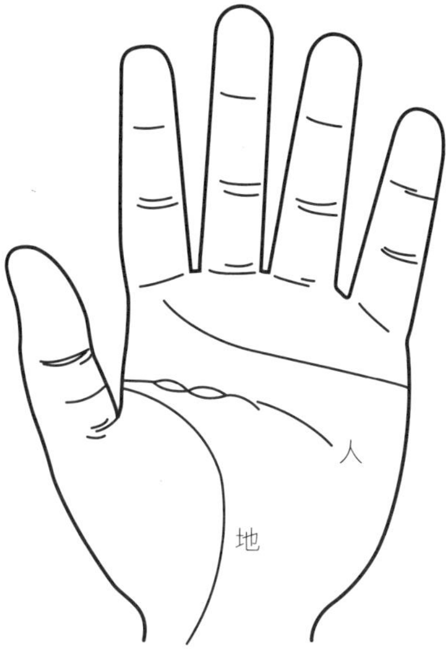

人紋差，地紋好，庸人多厚福。

二 地紋代表之人事物

地紋代表田產、母親庇蔭、家宅事，又主晚年。

有時候縱使人紋生得差，但若有良好地紋，亦主此人智力雖然平庸，但仍有福氣，而且可以安享晚年。

這種情形，與西方掌紋是互通，因為地紋即是生命線，主要代表人生的健康，並可以反映人生的大事，人身的健康情況，壽命長短……等等。人生有壽元、健康才能享晚福，這一點是無可置疑的。

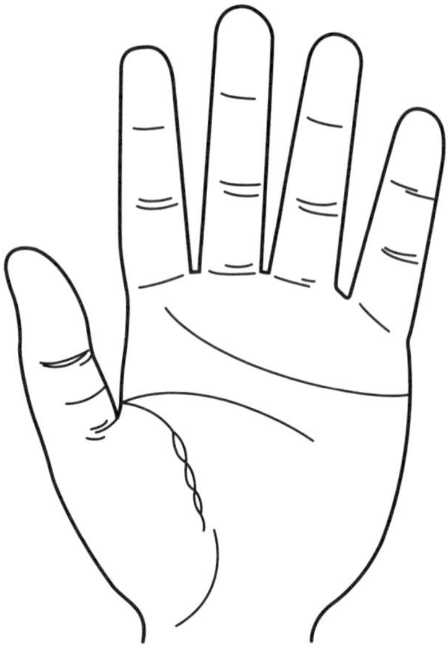

地紋不好，母病無緣。

三 地紋不良

地紋有島紋、鎖鏈紋、斷裂，均代表母親有疾病手術，要不然就會與母親有代溝，甚至有生離死別等事。

地紋本身代表母親，亦代表母親的遺傳性，圖中這種島紋的人，很多時都會遺傳了母親的身形、個性、與及疾病種類，如果及早發現，正好給當事人有可以有早防範的機會。

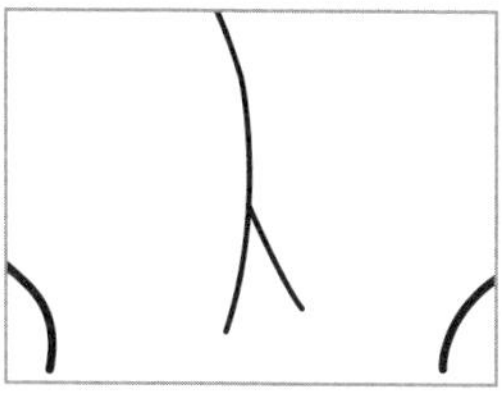

有一條叉紋分支，
排行第二或倒排第二。

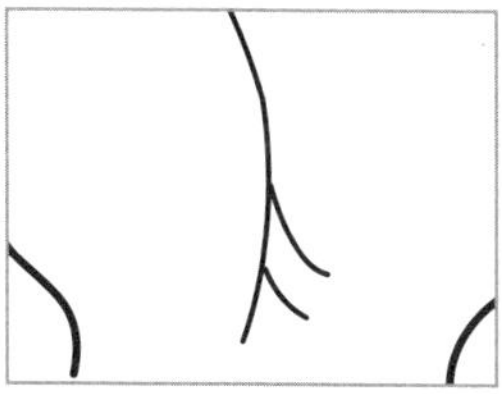

有兩條叉紋分支，
排行第三或倒排第三。

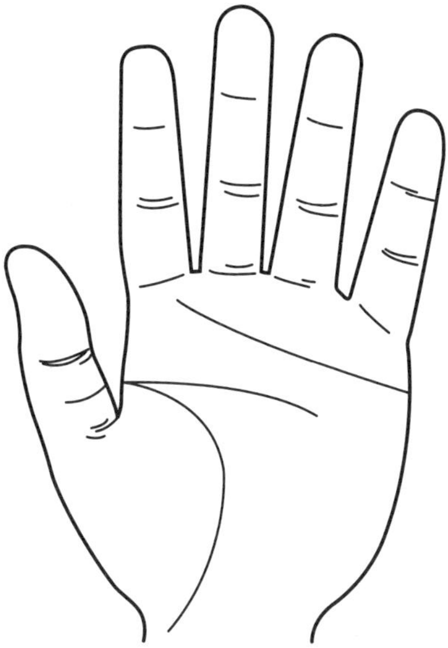

沒開叉，是長子、
幼子或獨生子。

四 地紋下方的開叉紋

地紋下方的開叉紋，有時是代表自己在兄弟姐妹中的排行位置，若果是沒有開叉紋，代表是長子、長女或獨生子女，或是么子、么女。

若果是有一條叉紋分支，則代表排行第二，或是由細到大排尾二。

若果是有兩條叉紋分支，則代表排行第三，或者是由細倒排到大的尾三。

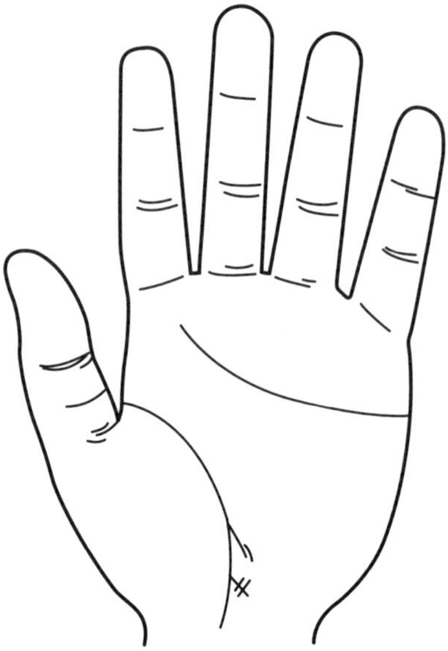

雁行折翼，手足夭亡。

五 地紋的弱小叉紋

地紋弱小的叉紋主雁行折翼，即是母親有小產，或自己有兄弟姐妹夭折之事。

總之，地紋完好無缺，必主母親賢良，而得到母系的優良傳統，又主晚年得財祿田地。

中國掌紋看兄弟姐妹，除了看地紋之外，亦必須參看食指。

如果食指弱小、偏斜、外生、彎曲等等，就代表兄弟姐妹之間，必然不得力，甚至有夭折早亡的事情發生。

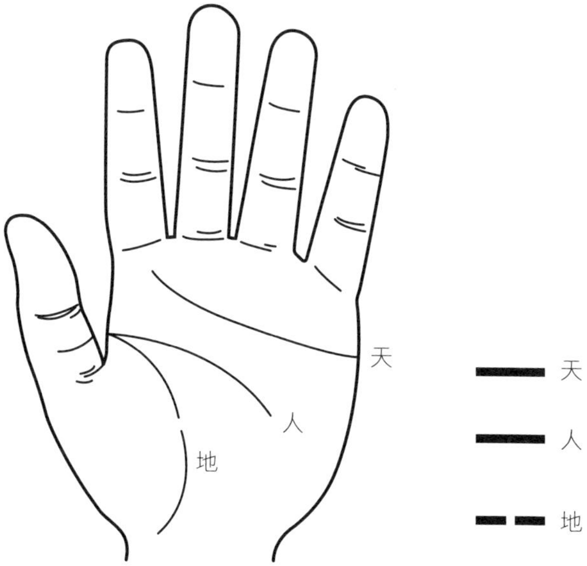

地紋斷是巽卦之象

六 地紋斷裂

地紋斷裂，在易卦上形成巽卦，巽卦不吉主勞碌、流浪、雙母、繼母或妾侍之子女，有時應驗在單親家庭長大的人。

巽卦在《易經》上代表柔和不定，主人個性進退不定。

健康上則要留心呼吸系統、腰腹、臀部、腸胃、內臟等毛病。

若果有雙重地紋，即是雙重生命線或稱火星線*，則可以轉凶為吉。

＊火星線詳見第六十九頁

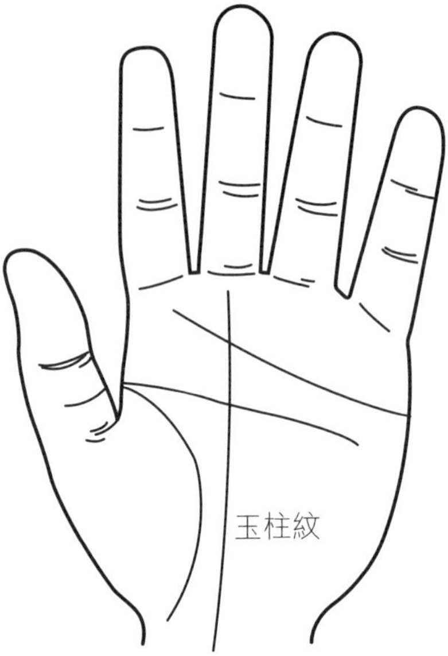

玉柱紋（即事業線）

中國掌紋中有云：「玉柱紋直上，不散不沖斷，為文章玉柱，文人有玉柱紋大顯功名，庸人有玉柱紋白手成家。」可見得對玉柱紋的重視。

古時候帝皇統治，唯一得到富貴的方法就是考取功名，一生為皇上效力，所以有玉柱紋，再加上其他配合，真的代表一生無風無浪，安享富貴。

但現代社會，有一條深刻明顯的玉柱紋，只代表一生之中，效忠同一公司、同一行業，並不一定富貴。

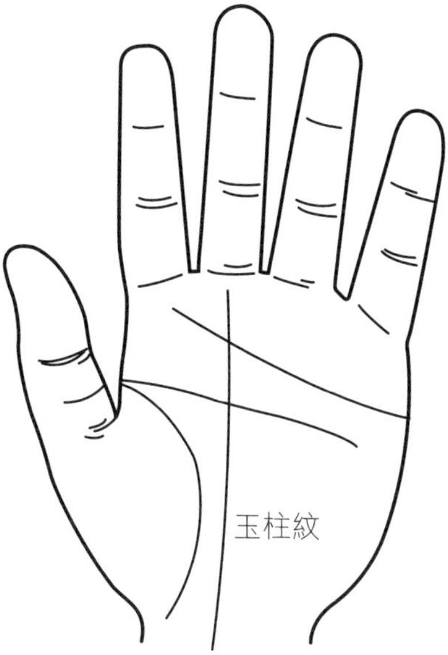

玉柱紋與富貴無關

常常見一些政府部門或大公司機構中的低層員工，亦有玉柱紋，只代表為公司效力一生而實與富貴無關。

婦女有這樣的玉柱紋，只適合過着她刻板的家庭主婦生活。婚姻運淡薄的女性有這樣的玉柱紋，更代表她獨身生活到老。

所以玉柱紋的看法，應以西方的事業線的看法為準，亦較適合現代商業社會，但必須要配合成功線、頭腦線，才能得到完滿的答案。

第十章

中西掌紋學實例

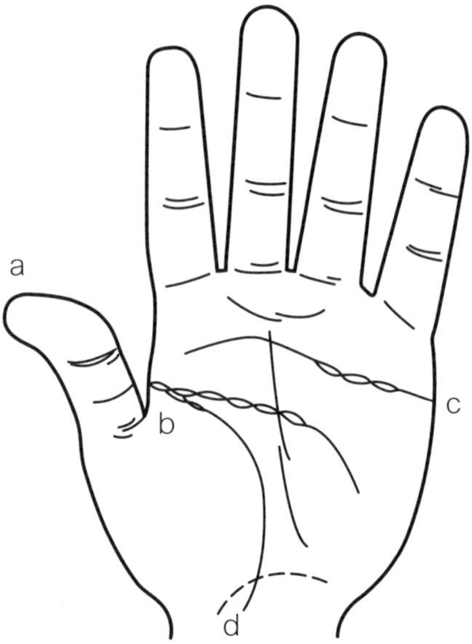

染不良嗜好之掌

例一：先苦後甜

這是一名女士的左右手極端不同的例子，看左手有下列特點：

1 大拇指數向外(a)，代表心軟、意志力不足。

2 頭腦線與生命線開端呈鎖鏈形(b)，主決斷力不足，而頭腦線呈鏈形，主智力不能集中。

3 感情線呈鎖鏈形(c)，而且線尾下垂，代表情緒化而太博愛。

所以她的上半生處事猶豫不決，用情不定兼博愛，以至情路反覆，事業不濟。

4 左掌並且出現放縱線(d)，代表染上不良嗜好，食搖頭丸引致精神病，令父母心痛。

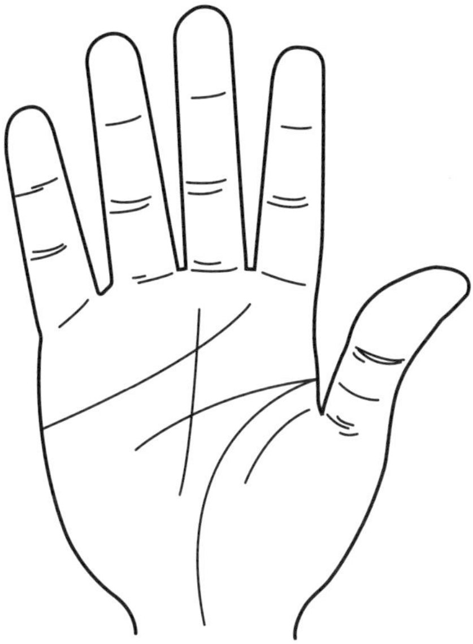

戒除惡習，重投社會。

幸好這名女士的右手紋清晰，頭腦線正常，代表她在親人與自身的努力下戒除惡習，重新投入社會。

凡有以上掌紋特點的朋友，必須多運動、多進修，並聽取多方面人士的意見，便可以轉凶為吉。

緊記，掌紋是會隨心念與行為而改變的。

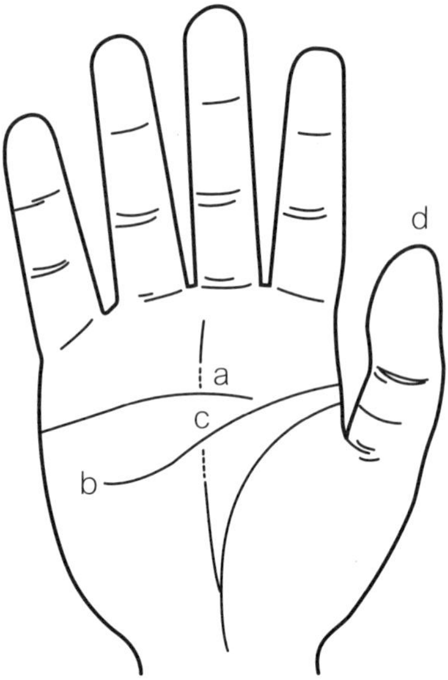

例二：自作自受

無論一個人的外表如何良善，但內心世界都會展示於掌紋之中。

1 感情紋在土星丘下垂（a），是唯利是圖者，每每到利之所在時便會六親不認，父早喪或父無助力。

2 頭腦線線尾向上生（b），主重物質，最宜從商發展。

3 事業線由生命線向上，中間空了一段（c），代表事業由自己努力，但中年時有了阻滯，發展不順利。

4 拇指硬直向入（d），我行我素，主觀強而愛財如命。

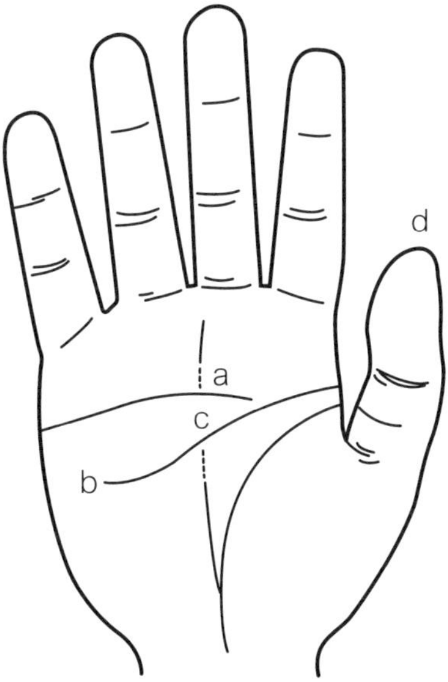

唯利是圖、自食惡果。

原來這人於國際性大公司裏任行政人員，一直努力向上爬，並得到上司的信任。

後來，其人因利之所在，而將自己的頂頭上司出賣，但最終亦自食其果，被全行業人所棄用。

凡有以上掌紋特點的人，必須首先要改變自己的心性，多參與慈善宗教活動，理解多些哲學理論，在感性與理性兩方面都要平衡。久而久之，掌紋會隨心念而改變，達到趨吉避凶的效果。

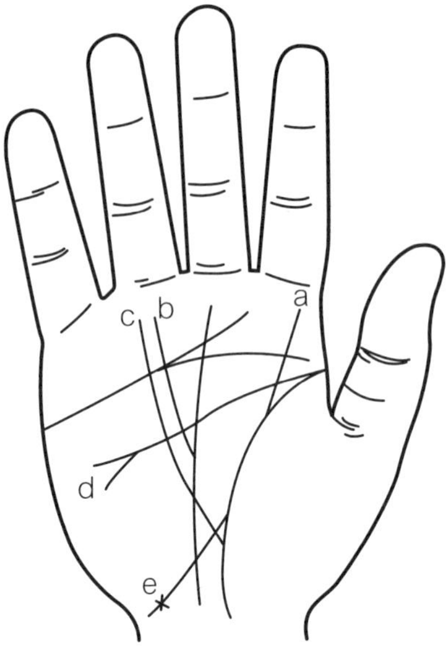

海軍將領手紋

例三：海軍將領

這是一位海軍將領的手紋，重點是要看下列數項：

1 生命線有支線生向木星丘（a），主掌權柄功名。

2 事業線由下直上，並有支線向太陽丘（b），主事業有光芒，而具另外一條成功線由生命線生出（c），代表自己努力得名譽。

3 頭腦線清晰，而尾有小叉（d），代表雙重智慧。

以上三點成就功名利祿，權威一時，可惜旅行線有十字紋（e），在六十三歲時戰死在海中。

凡旅行線線尾有十字紋或斷開或島紋，就要留心遇水險之事。

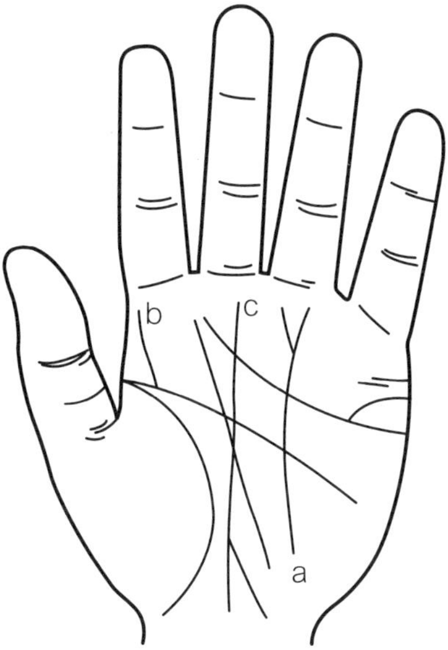

英女皇維多利亞的掌紋

例四：英國女皇

這是由英女皇維多利亞的手形雕塑取得的掌紋（記載於 ***Practical Palmistr***，著者聖佐萬女士），其他掌紋、掌形勿論，只看下列數點便可知富貴特徵：

1 長長的成功線（a），線尾更有分支向火星丘，主揚名天下。

2 清晰的頭腦線，頭腦線上有上升支線生向木星丘（b），主得權力利祿。

3 由低至頂的事業線（c），配合成功線（a），更主錦上添花，無風無浪，早露鋒芒。

若果你的手上有以上特點，請多行善舉，澤及旁人。

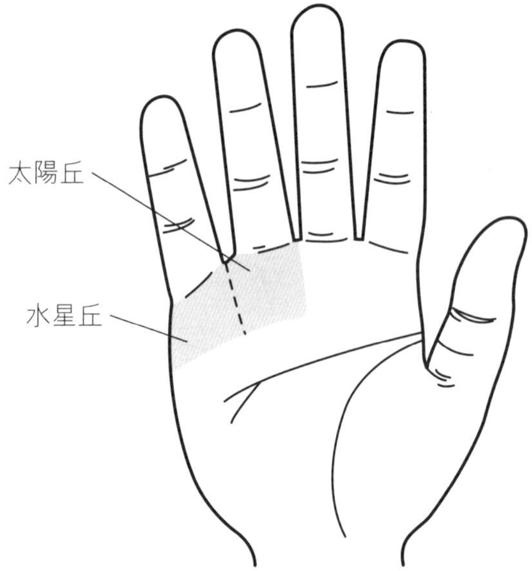

愛因斯坦的頭腦線

例五：愛因斯坦

頭腦線是一個人手掌中最重要的紋線，頭腦線清晰是重點，而頭腦線線尾後開叉，主腦力有兩重智慧，亦主有實際和想像力兩種觀點，也主善變，如果有其他良好的配合，則可以成就超卓。

偉大的科學家愛因斯坦的頭腦線正是這樣，頭腦線在太陽丘與水星丘之間下分叉，受到太陽丘的光輝照耀，水星丘的智慧包涵，成就大事業。

開叉的頭腦線，一方面重科學上的實際，一方面重哲學上的思維，要不然怎可能發明偉大的相對論？

若果你有以上特點，就請多發揮你多方面的才華，不要讓天才埋沒。

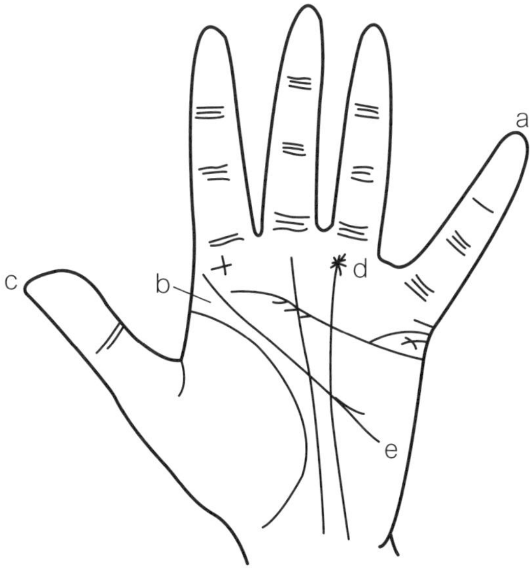

世界著名女藝人

例六：國際知名

這是一個世界有名女藝人的手相。如果希望投身藝能界，就看看自己有沒有她的掌紋特點：

1 尾指長而過三關（a），代表口才好，能歌善舞，應變力強。

2 圓錐形手形，主藝術界。

3 川字掌（b），拇指硬直（c），主觀強，愛自由事業，判斷力強。

4 成功線明顯（d），主成名容易，如果線末有星紋，更加揚名世界。

5 頭腦線線末開小叉（e），主有兩種智慧。

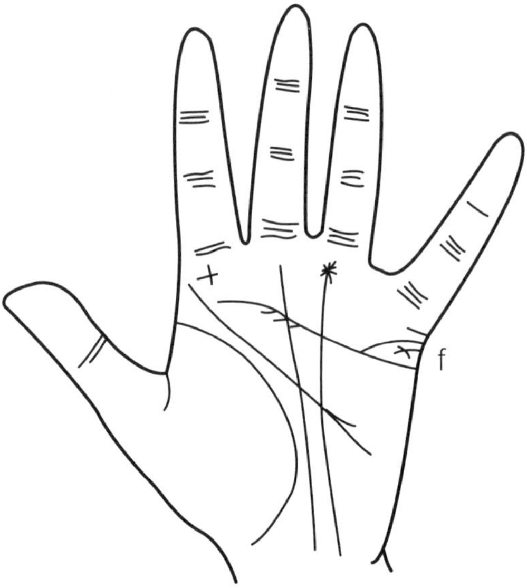

世界著名女藝人

6 婚姻線雜亂，感情線尾下垂（f），是成名女藝人最容易付出的代價，代表婚姻運不好，離婚、遲婚或獨身。

若果你有齊以上各種特徵，不妨投身演藝界，大有機會一舉成名。

以上種種，以頭腦線為最重要，必須要有一條清晰、明確的頭腦線為依歸，代表在複雜的娛樂圈中，都可以保持清晰的判斷力，立於不敗之地。

成名的程度，就要以成功線為依據。

藝術生命的長短，就要看事業線的長度了。

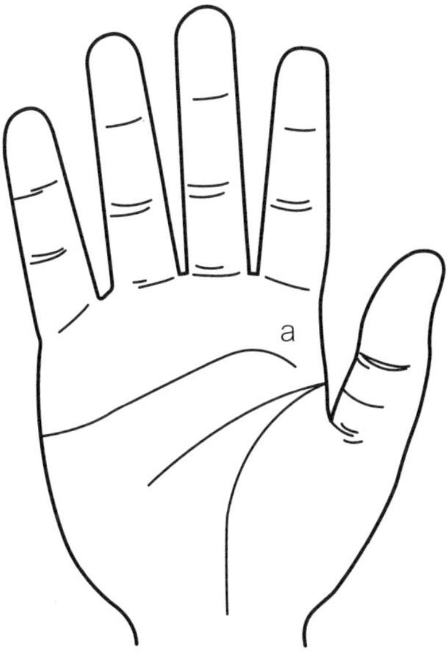

美國某富豪之女掌紋

例七：苦盡甘來

已故英國手相學大師奇路氏，有一個例子。

美國某大富豪的愛女，請求奇路氏看手相，該女子的感情線伸延至食指之下，下垂向頭腦線（a），再配合頭腦線、大拇指、小指等形態，他便對該女子說：「小姐在六、七個月以前，已經和身份低微的男子秘密結婚，現在已經懷孕了，這件事卻不易解決呢！」

該女子聽見判斷非常驚訝，說道：「是的，我已經和在父親經營的鋼鐵廠裏的工人結了婚，我恐怕得不到雙親的答允，所以不敢告訴他們，但我現在該如何是好呢？」

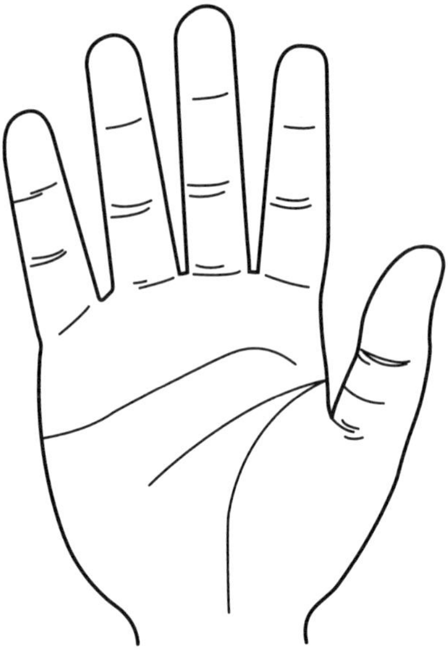

奇路氏再細心看了她的掌紋，然後判斷：「請你將此事立刻告訴父母，可能目前要受些痛苦，但是在兩至三年後便可以交上好運，過幸福的生活。」

該女子聽從奇路氏之言，將此事告知老父，她的父親怒不可遏，將她逐出家門，而該女子唯有跟隨着鋼鐵工人，過了兩三年艱苦的日子。

但後來，該女子的丈夫憑不屈不撓的精神，發明了一些鋼鐵廠之中的重要器材，受到重用，最後該女子的父親得知發明者就是他的女婿，於是非常歡喜，又再與女兒、女婿重修舊好，一起過着幸福的生活。

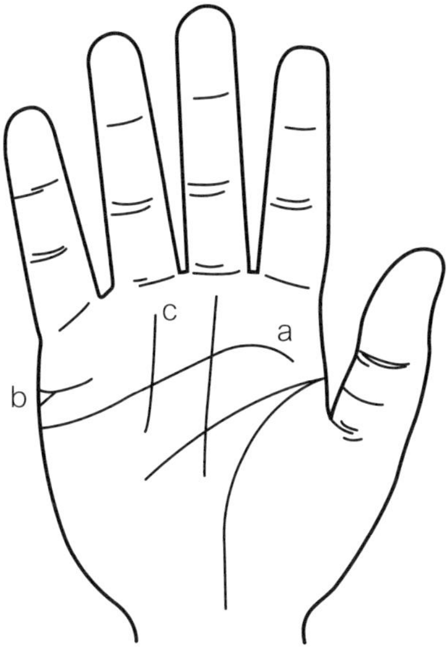

此掌重點如下：

1 在木星丘下垂的感情線（a），代表與身份懸殊的人結合。

2 婚姻線的起點開叉（b），代表婚姻早期有阻力，而略低的婚姻線又主早婚。

3 成功線現於掌中（c），是先苦後甜的人生。

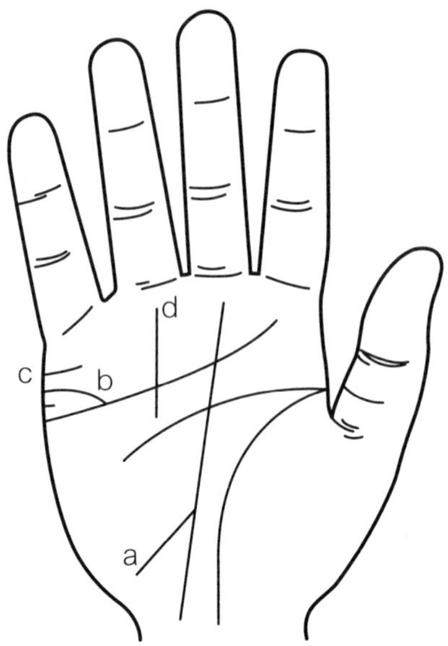

一妻又一妻

例八：兩度見佳期

此掌屬一位五十歲左右的男商人，特別要注意他的掌紋有下列數點特徵：

1 在命運線下方，有小線由太陰丘發出而接觸命運線（a），代表在二十五歲左右結婚。

2 但婚姻線在二十八歲左右的位置，下垂至感情線（b），於是在三十歲時妻子病歿。

3 在三十二歲的位置上有深長的婚姻紋（c），代表再娶。

4 由於在三十五歲左右出現明顯的成功線（d），故再婚後得到名譽財富。

掌紋學精粹

作者
鄺偉雄

編審
梁美媚

造型攝影
Polestar Studio

剪片
Mandi Leung

封面設計
野良

版面設計
吳明煒

排版
Sonia Ho

出版者
圓方出版社
香港鰂魚涌英皇道1065號東達中心1305室
電話：2564 7511
傳真：2565 5539
電郵：info@wanlibk.com
網址：http://www.formspub.com
http://www.facebook.com/formspub

發行者
香港聯合書刊物流有限公司
香港新界大埔汀麗路 36 號
中華商務印刷大厦 3 字樓
電話：2150 2100
傳真：2407 3062
電郵：info@suplogistics.com.hk

承印者
中華商務彩色印刷有限公司
香港新界大埔汀麗路 36 號

出版日期
二零一六年三月第一次印刷

版權所有 · 不准翻印
All rights reserved.
Copyright ©2016 Wan Li Book Co. Ltd.
Published in Hong Kong by Forms Publication,
a division of Wan Li Book Company Limited.
ISBN 978-988-8325-24-5

瀏覽網站

會員申請

鄺偉雄掌相堪輿館

廠房店舖　商廈住宅

陽宅風水　陰宅遷移

樓宇選擇　動土遷移

掌相八字　流年運程

本港國內　歡迎預約

網址：www.kwongwaihung.hk

預約電話：二五二八　二五五七　傳真：三六九一　六四零七

地址：香港灣仔軒尼詩道38號新基大廈2字樓C座

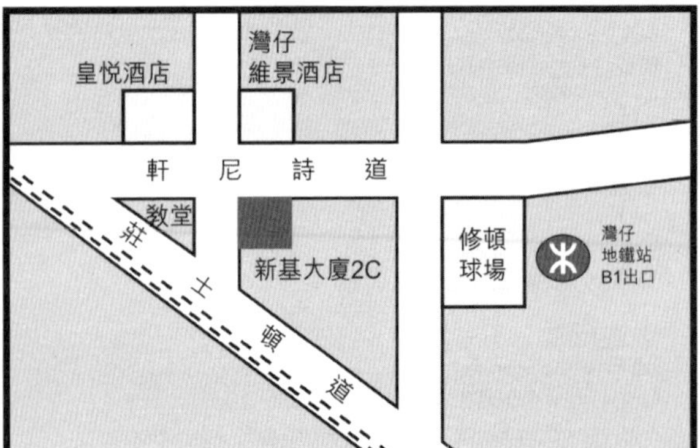